EDMOND BEAUREPAIRE

CAUSERIES ANECDOTIQUES SUR LES MONUMENTS DE PARIS

I

LE LOUVRE ET LES TUILERIES

PRÉFACE DE G. LENOTRE

P. SÉVIN ET E. REY
PARIS
1901

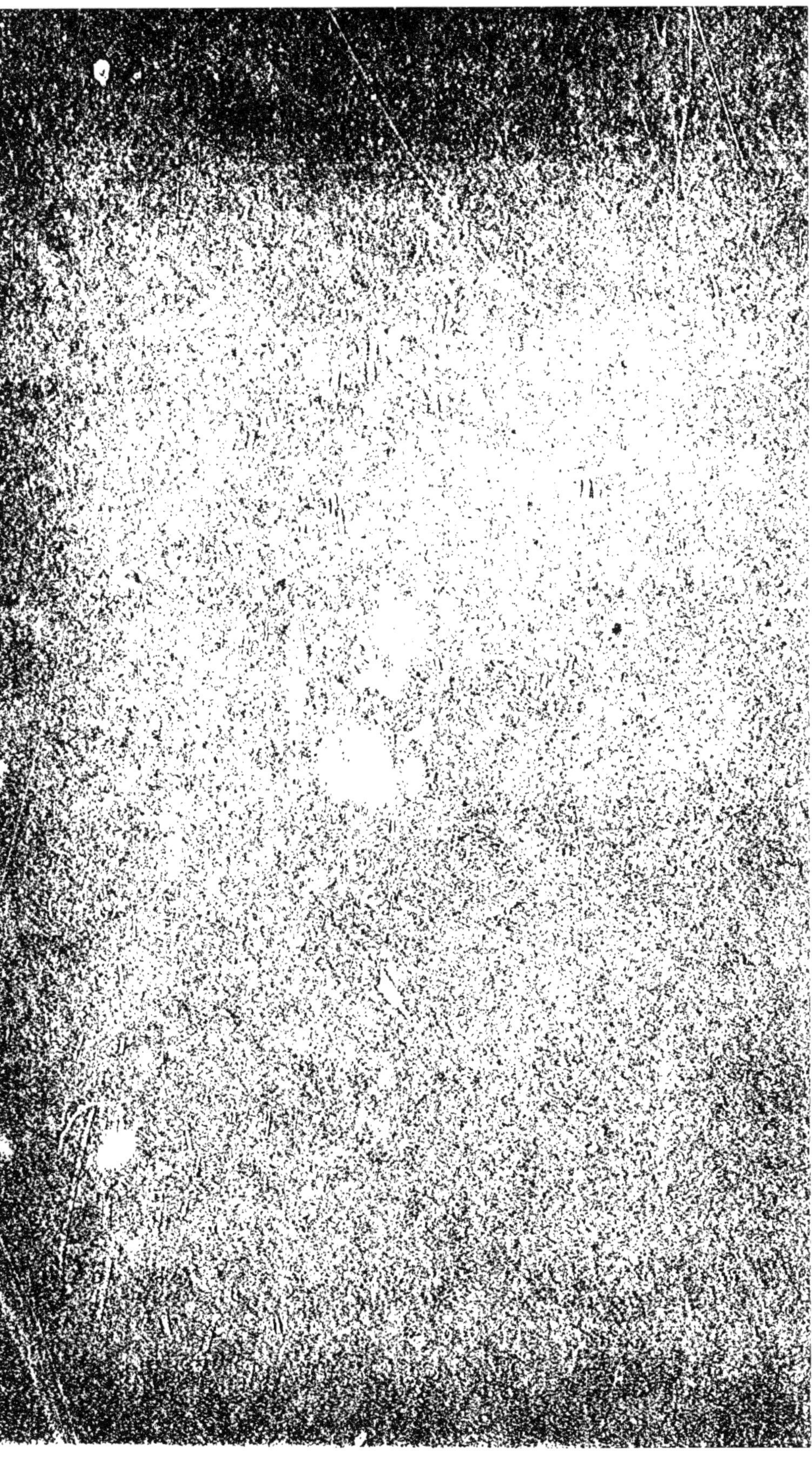

LE LOUVRE

ET

LES TUILERIES

IL A ÉTÉ TIRÉ 25 EXEMPLAIRES
NUMÉROTÉS SUR PAPIER DE HOLLANDE

DU MÊME AUTEUR

LA CHRONIQUE DES RUES (1re série)

1 volume in-18, broché. **3 fr. 50**

A. *Le Louvre* .— Emplacement actuel : B. *de l'Obélisque*, CC', *de la rue de Rivoli*, D. *de l'Arc de Triomphe du Carrousel*, E. *du pont des Sts Pères*, F. *du pont Royal*

LE LOUVRE ET LES TUILERIES

À la fin du XIVe siècle.

EDMOND BEAUREPAIRE

Causeries Anecdotiques
SUR
LES MONUMENTS DE PARIS

I

LE LOUVRE
ET
LES TUILERIES

PREMIÈRE PARTIE

PRÉFACE DE G. LENOTRE

PARIS
P. SEVIN & E. REY, LIBRAIRES
8, Boulevard des Italiens
1901

Paris. — Imp. de l'Art, E. MOREAU et Cie, 41, rue de la Victoire.

AVERTISSEMENT

Le délicat historien, M. G. Lenotre, a bien voulu, avec son autorité incontestée, présenter au public l'œuvre qu'entreprend aujourd'hui M. Edmond Beaurepaire; vouloir y ajouter quelque chose, serait de notre part besogne inutile et prétentieuse; nous nous bornerons donc à exposer le plan de la collection des Causeries anecdotiques sur les Monuments de Paris *et l'ordre de publication des volumes qui paraîtront successivement au moins tous les trois mois :*

1° Le Louvre et les Tuileries, 2 volumes.
2° Le Luxembourg, 1 vol.
3° Le Palais-Royal, 1 vol.
4° Notre-Dame de Paris, 1 vol.
5° L'Hôtel de Ville, 1 vol.
6° La Bourse, 1 vol.
7° Le Val-de-Grâce, 1 vol.
8° L'Église Saint-Eustache, 1 vol.
9° L'Hôtel de la Monnaie et l'Institut, 1 vol.
10° Le Palais de Justice et la Sainte Chapelle, 2 vol.

11° La Sorbonne, 1 vol.
12° L'Hôtel de Cluny, 1 vol.
13° L'Église Saint-Germain-des-Prés, 1 vol.
14° Le Palais-Bourbon et l'Hôtel de Lassay, 1 vol.
13° Le Conservatoire des Arts-et-Métiers et l'abbaye Saint-Martin, 1 vol.
16° Les Invalides et l'École-Militaire, 1 vol.
17° L'Église Saint-Julien-le-Pauvre, 1 vol.
18° Le Palais de l'Élysée, 1 vol.
19° La Bibliothèque Nationale, 1 vol.
20° Les Gobelins, 1 vol.

Autant que possible, et suivant le bonheur de nos recherches, chaque volume contiendra au moins deux planches hors texte, l'une donnant la vue du monument à son origine et l'autre en son état actuel.

LES ÉDITEURS.

AVANT-PROPOS

Le nombre d'ouvrages traitant spécialement de Paris s'élève à deux cent mille, et l'on serait bien près d'atteindre le million si l'on ajoutait, comme cela se doit, les gazettes, les recueils de modes, les mémoires, les études de mœurs, les biographies, les journaux d'art et de théâtres, complément indispensable des monographies parisiennes. En présence de cette effarante statistique, bien des gens doivent se demander ce qu'il reste à dire sur une ville si souvent portraiturée et comment tant d'écrivains qui se sont donné mission exclusive de la décrire réussissent à trouver quelque trait nouveau échappé à leurs devanciers.

C'est que Paris a des amoureux: je ne veux pas dire de ces curieux fidèles — archéologues ou artistes, passionnés d'architecture ou d'histoire, — comme en peuvent compter Rouen, Genève, Nuremberg ou toute autre vieille ville riche en monuments et en souvenirs. Paris possède, lui aussi, sa cour de savants, d'historiographes, de statisticiens, d'érudits, les premiers hommes du monde, pour vous dire l'âge d'une pierre ou vous déduire, au vu du moindre forage, l'aspect du pays à l'époque de Camulogène. Mais, en outre de ce cortège indispensable, Paris, je le répète, a des *amoureux*, des amoureux qui l'aiment d'une façon quasi sensuelle, qui l'admirent « jusque dans ses verrues », qui le redoutent comme on craint une maîtresse hautaine et capricieuse, qui le boudent, qui lui parlent. Pour eux, cette masse de pierres, impassible et rigide aux yeux de tant d'autres, est animée, vivante; elle palpite, elle vibre : le soleil la dore d'un éclat spécial, la brume et la pluie lui occasionnent des moues délicieuses, et ces adorateurs arrivent à trouver charmants tous les inconvénients de son climat, chaleurs torrides, pluies froides ou neiges boueuses, de même qu'un amoureux digne de ce nom, estime de goût délicieux toutes les toilettes, linon, satin ou bure, dont s'affuble la femme qu'il aime.

Car, sur nos yeux d'amants de la grande ville, Éros noue son traditionnel bandeau. Comme nous sommes fiers de notre maîtresse! Quelle indulgence pour ses frasques, quel enthousiasme pour ses succès! Quel attendrissement au récit de ses malheurs passés! Quel bouillonnement de rage en songeant à ceux, — faiseurs de coup d'État ou barbares victorieux, — qui l'ont, par surprise, violée et possédée ! Et aussi quel désir de la voir plaire aux étrangers amis ; comme nous la parons, comme nous la faisons belle ! Et quelle hâte nous avons de savoir « comment ils l'ont trouvée ! ! » — *C'est-il ça de l'amour* ? demanderait Figaro.

Peut-être est-ce la première fois qu'on « isole » des érotomanies ambiantes, ce curieux état pathologique : car le fait « d'aimer éperdument » une agglomération dont les charmes sont indéfinissables et impersonnels doit être certainement mis au rang des maladies. Cette neurasthénie, d'ailleurs, n'est pas nouvelle : depuis Montaigne, qui se vantait d'en être atteint, combien en ont été éprouvés, qui ne se rendirent pas compte de leur état morbide ?

On n'en souffre pas, du reste : le mal est caracrisé par un état de douce manie, avec un désir ardent de posséder l'objet aimé ; poussé par cette frénésie, le malade parcourt la Ville adorée, s'enfonce dans les rues étroites, explore les coins sombres, pénètre jusque dans les cours, espérant découvrir quelque aspect que le regard d'un rival n'ait jamais profané. Aussi, est-ce toujours vers les voies les plus désertes, les plus calmes, les plus « oubliées », qu'il dirige ses explorations. S'il trouve, sa jouissance est sans bornes, mais toujours teintée de mélancolie ; un vieux pan de mur, une rampe d'escalier, une lucarne en charpente ouverte dans un toit de tuiles rousses, voilà qui le ravit et l'émeut; ces choses ont vu le passé, elles gardent la trace d'existences finies; les gens d'autrefois les ont touchées... Qui? Voilà ce qu'on voudrait savoir, et l'on pense que dans cette Ville prodigieuse, où tant et tant de passions se sont heurtées, chaque maison, chaque chambre, a été le théâtre d'un drame au moins et d'un nombre incalculable de comédies. — Vous habitez une maison vieille de deux siècles, — elles sont en majorité au cœur de la Ville; — quelles gens ont vécu avant vous sous ce plafond? Quels secrets les murs ont-ils entendus? Quelles scènes de crime, de galanterie, de désespoir vos glaces ont-elles reflétées? Qui a aimé, qui est mort dans votre alcôve? — Et l'on cherche, et l'on ouvre les vieux livres, où il n'y a rien, les dossiers d'archives où il n'y a pas grand'chose, et l'on vit ainsi, un peu terrifié par ce passé qu'on devine gros d'événements à jamais inconnus, et charmé aussi par cette douceur triste des choses mortes, si discrètes sur ce qu'elles ont vu, et si éloquentes pourtant, qu'on finit par préférer leur silence aux récits des plus prolixes chroniqueurs. Voilà toute la maladie.

Mercier qui, il y a bientôt cent cinquante ans,

fut l'un des plus gravement atteints, cherchait un peu, à la manière des médecins de Molière, à dégager les causes physiques du mal : « L'air de « Paris, disait-il, doit être un air particulier. Que « de substances se fondent dans un si petit es-« pace! Paris peut être considéré comme un large « creuset, où les viandes, les fruits, les huiles, les « vins, le poivre, la cannelle, le sucre, le café, les « productions les plus lointaines viennent se mé-« langer, et les estomacs sont les fourneaux qui « décomposent ces ingrédients. La partie la plus « subtile doit s'exhaler et s'incorporer à l'air qu'on « respire. Que de fumée! que de flammes! quel « torrent de vapeurs et d'exhalaisons! Comme le « sol doit être profondément imbibé de tous les « sels que la nature avait distribués dans les quatre « parties du monde! Et comment, de tous ces « sucs rassemblés et concentrés dans les liqueurs « qui coulent à grands flots dans toutes les mai-« sons, ne résulterait-il pas dans l'atmosphère des « parties atténuées qui pinceraient la fibre là « plutôt qu'ailleurs ? »

Mercier a raison : Paris *pince singulièrement la fibre*, et voilà pourquoi il a tant d'amants fidèles et enthousiastes. Eh bien, supposez mille hommes épris de la même femme, consacrant individuellement un volume à la description de leur Dulcinée et à l'éloge de ses charmes. Chacun écrirait un livre différent, et, pour un mille et unième amateur, le sujet ne serait pas même effleuré.

C'est ainsi, j'en reviens à mon point de départ, qu'on peut, à l'infini, raconter Paris sans crainte de rabâcher. Le sujet est de ceux qui ne s'usent pas; il partage ce rare privilège avec l'Amour dont l'humanité parle, sans lassitude, depuis qu'elle existe, et qui reste pourtant si jeune qu'on le représente encore sous les traits d'un enfant, tandis que le Temps, son contemporain, n'est plus, depuis bien des siècles, qu'un vieillard à barbe blanche, tout cassé par l'âge et courbé sous le poids des ans.

Il faut dire que le point spécial choisi par Beaurepaire est l'un de ceux qu'on a le moins étudiés : personne n'a réuni les annales du Louvre ni celles des Tuileries. L'immensité du sujet fait peur. C'est, à proprement parler, l'histoire du monde qui s'est tramée là... Qu'on se rassure vite, Beaurepaire « a su se borner ». En commençant par la chronique de ces deux palais, la série de volumes qu'il se propose de consacrer à l'*Histoire des monuments parisiens*, il a eu le courage — trop rare — de ne nous pas montrer tout son savoir. Documenté à miracle, il eût pu fournir sur un tel objet plusieurs in-folio dont il ne nous donne ici que la substance, et c'est merveille de voir avec quel art il trouve, en une si brève monographie, la place des détails pittoresques, de ceux qui, d'un trait, font revivre le passé et galvanisent toute une époque. Pour écrire un tel livre — encore que d'allure si simple et si modeste — il faut aimer passionnément Paris et surtout le bien connaître.

Et précisément Edmond Beaurepaire est parmi ces amoureux de Paris, dont j'exposais tout à l'heure l'étrange mentalité. Nous sommes frères en cela, et c'est à ce titre qu'il a voulu me demander de présenter au lecteur un livre qui se recommande si bien par lui-même que je dois, à mon tour, remercier l'auteur d'avoir pensé à m'associer à son œuvre en me permettant de dire ici l'affection que j'ai pour lui, l'estime que je professe pour son érudition et la reconnaissance de tous les amoureux de Paris pour l'obligeante façon dont il dépense son savoir au grand profit de leur curiosité.

Octobre 1901

G. LENOTRE.

LE LOUVRE

ET

LES TUILERIES

I

Avant de partir pour la troisième croisade, Philippe-Auguste, ayant décidé de mettre Paris en garde contre toute surprise pendant son absence, ordonna aux bourgeois de Paris « de faire travailler incessamment à l'enclore d'une bonne muraille, avec des tours et des portes ».

Cette muraille « *Si moult forte et espesse*, dit un chroniqueur, *que on y menroit bien une charrette dessus* », fut commencée, sur la rive droite, en 1190 et achevée en 1208. Elle n'a pas complètement disparu : sur bien des points, on retrouve ses fondations ; sur d'autres elle s'élève encore de quelques pieds au-dessus du sol ; là, enfin, où elle a été entièrement détruite, on suit pour ainsi dire sa trace qui sert de limite séculaire à des propriétés adossées l'une à l'autre, ou qu'indiquent des rues parallèles et des dépressions de terrain.

Si vous passez par la cour du Louvre, regardez à terre ; vos yeux rencontreront des lignes de grès noir ou blanc tranchant, du nord au sud, sur l'asphalte ou le pavage coutumier ; elles marquent le tracé de cette enceinte : la deuxième de Paris, suivant les uns ; la troisième, suivant les autres.

Mais tout en pensant à sa capitale, le roi pensait aussi à lui-même. Tandis que s'élevaient les remparts, il en complétait le système défensif, sans doute à son retour de la croisade, vers la fin de 1191, en faisant construire au couchant et en dehors une revêche et menaçante forteresse destinée, dans sa pensée, à défendre à la fois le cours de la

Seine et à tenir en bride les Parisiens [1].

C'était d'abord une tour « forteresse dans une forteresse » donjon colossal de quatre-vingt-seize pieds de haut; puis une enceinte rectangulaire de bâtiments, défendus eux-mêmes par des tours rondes, et entourés de fossés alimentés par les eaux de la Seine [2].

D'ailleurs, donjon, enceinte et fossés sont aussi reproduits sur le sol de la cour du Louvre, vers l'angle sud-ouest; et c'est là comme un grand plan qui permet de se faire une idée aussi exacte que possible du château à son origine. Deux portes principales, protégées par des tours jumelles, de mêmes dimensions que celles de la vieille porte du Palais (de justice), sur le quai de l'Horloge [3], y donnaient accès: l'une à l'orient, du

1. La plupart des villes fermées du moyen âge ont leur château contigu d'un seul côté au rempart, et des autres côtés à la campagne environnante : Carcassonne, Vitré, Boulogne-sur-mer, Caen, etc...

2. D'après Berty; — de Belleville, Ménilmontant et Montmartre, d'après Édouard Fournier : *Le Louvre et ses environs*, p. 18 (*Paris à travers les âges*).

3. De l'est à l'ouest : tour de César, tour d'Argent.

côté de la ville et de son enceinte; l'autre au midi, du côté de la rivière. Au couchant et au nord, de simples poternes s'ouvraient sur la campagne.

Avant le *Louvre* de Philippe-Auguste y avait-il, quelque part sur l'emplacement qu'il occupa, un château, un manoir royal, une forteresse, enfin une construction quelconque? Par conséquence, quelle est l'origine du mot *Louvre*?

Il y a presque autant de versions que d'auteurs ayant abordé la question.

Suivant les uns, lors de l'invasion des barbares, au ve siècle, les Saxons auraient établi là un camp fortifié qu'ils baptisèrent d'un mot de leur langue : *Lower* ou *Lovar*; suivant d'autres, les rois de la première race y auraient eu un rendez-vous pour la chasse aux loups[1], et,

1. A partir du XIIIe siècle, on trouve le territoire sur lequel a été construit le vieux Louvre, toujours énoncé *Lupara*, *Lupera* et quelquefois *Luperiæ*, ce qui a fait croire que le radical était *Lupus*; mais Littré donne l'origine et le sens du mot de basse latinité *Lupara* ou *Lupera*, comme inconnus.

pour un peu, ce serait là que le bon roi Dagobert, au moment de sa mort, aurait dit à ses chiens la parole légendaire : *Il n'est si bonne compagnie qui ne se quitte.* Une autre hypothèse, très séduisante mais imparfaitement justifiée, fait venir le mot *Louvre* de *Lovrez*, léproserie [1].

Au surplus, on n'a jamais cité le moindre document digne de foi qui établisse l'existence du château avant la fin du XIIe siècle ; et c'est aussi le temps où apparaît, d'une façon précise, le mot *Louvre* pour désigner le territoire sur lequel il a été bâti [2].

Au fond, ce sont là questions bysantines. L'intérêt réel ne commence-t-il pas du moment où le LOUVRE apparaît avec son véritable caractère de grandeur ? donc, à partir du règne de Philippe-Auguste, se rattachant ainsi à cette période de l'histoire de Paris, qui donne à la grande ville son pavé, ses

1. Le Gonidec, *Dictionnaire celto-breton*, in-4°, 1850.
2. *Louvrea* en 1189 et *Louvre* en 1198.

halles, peut-être son blason; quand le roi a fait de sa maîtresse tour du Louvre, non seulement l'abri de son trésor, de ses joyaux, de ses archives, mais encore le centre de son autorité royale, le lieu d'où relèvent désormais tous les fiefs de France, où les grands vassaux viendront rendre hommage, où les seigneurs félons expieront dans les cachots leurs révoltes et leurs trahisons.

Ce fut le plus puissant: Ferrant, comte de Flandre, fait prisonnier à Bouvines, « qui l'estrena ».

Lors fut Ferrant tout enferré
Dans la tour du Louvre enserré.

dit en ses *Royaux lignages* Guillaume Guiart qui se fait l'écho des impitoyables plaisanteries de la foule.

La bataille de Bouvines se livra le 27 août 1214; et seulement en 1227 le comte de Flandre sortit de la tour du Louvre, « au prix de beaucoup d'argent », dit Guillaume de Nangis.

Il ne paraît pas que les successeurs

immédiats de Philippe-Auguste se soient préoccupés du Louvre. Cependant, Saint Louis passe pour y avoir fait faire des travaux, dont l'importance et la nature ne sont pas déterminés, d'ailleurs, par les auteurs contemporains [1] ; mais toute sa prédilection fut, comme on sait, pour le *Palais de la Cité*, et surtout pour *Vincennes*, qu'il ne cessa d'orner et d'agrandir. En réalité, le seul roi qui, depuis Philippe-Auguste, ait exécuté au Louvre de longs et importants travaux, c'est Charles V.

Les premières pages de son règne sont pleines de tristesse : elles ont pour préface la désastreuse bataille de Poitiers.

Alors, et dès la première nouvelle de la déroute et de la captivité du roi, le prévôt des marchands : Etienne Marcel, se multiplia pour mettre Paris à l'abri des partis qui battaient la campagne.

1. Il existait, dans l'aile occidentale du Louvre, une salle qui ne fut détruite que sous François Ier, et que l'on nommait « salle Saint-Louis », sans doute parce qu'elle avait été faite ou décorée par ordre de ce prince.

C'est ainsi qu'on creusa des fossés au pied des murailles de Philippe-Auguste, encore intactes sur la rive gauche ; que, sur la rive droite, où de riches faubourgs avaient débordé, on établit hâtivement une ligne de défense, à laquelle Charles V, un peu plus tard, substitua un système de fortification régulière sinon renouvelée, ce qui est peu probable, du moins modifiée et réparée, à diverses reprises, jusqu'à l'année 1634 environ, où on la détruisit.

Cette enceinte coupait la place du Carrousel actuelle, du nord au sud, du guichet de Rohan à un point pris entre le guichet occidental du quai et la salle des Etats. Le Louvre se trouvait donc enfermé dans Paris. Aussi que fit le Dauphin quand il revint après l'assassinat d'Etienne Marcel ? Puisque la forteresse royale était désormais comprise dans les limites de la ville, il la transforma et en fit un palais ; mais, en même temps, afin d'avoir contre « ses bons parisiens » une forteresse indépendante, il s'en construisit une autre, et plus forte encore : ce fut LA BASTILLE [1], à l'abri de laquelle il choisit son logis : *l'Hôtel Saint-Pol,* successivement agrandi sous ses ordres [2].

Il en fit son habitation favorite, assise au milieu de jardins, descendant de la rue Saint-Antoine jusqu'à la Seine, qui lui permettait un départ secret en cas d'émeute. Et cette royale demeure, dont la rue de la Cerisaie rappelle les vergers ; la rue Beautreillis, les tonnelles ; la rue des Lions, la « ménagerie » , fut aussi le séjour habituel de Charles VI, ce roi fou, et d'Isabeau de Bavière, qui, régente du royaume de France, osa donner ce royaume en dot à sa fille Catherine,

1. Voyez Ed. Fournier, *le Louvre et ses environs,* p. 16 (*Paris à travers les âges*). — « Il est digne de remarque que la Bastille fut fondée en 1369, juste à l'époque où la transformation du Louvre dut être complète ». Berty, *Topographie historique du Vieux Paris, région du Louvre et des Tuileries,* t. Ier, p. 125.)

2. Sur *l'Hôtel Saint-Pol,* voyez le beau travail de M. Fernand Bournon, dans les *Mémoires de la Société de l'Histoire de Paris et de l'Ile de France,* t. VI (1879).

lorsqu'elle la maria au roi d'Angleterre Henri V [1].

Charles VII, vainqueur et maître de Paris, quitta l'hôtel Saint-Pol, qui ne pouvait d'ailleurs réveiller chez lui que de tristes souvenirs ; mais, au lieu de ramener la Cour au Louvre, il ne fit que traverser la rue Saint-Antoine et alla s'établir aux Tournelles.

Bâti par Pierre d'Orgemont, chancelier de Charles V, rédacteur des *Grandes chroniques*, cet hôtel des Tournelles avait été vendu par son fils, l'évêque de Paris [2], au duc de Berry. Celui-ci le céda au duc d'Orléans, son neveu. Pendant la domination anglaise, le duc de Bedford, régent de France, l'occupa et y fit exécuter des travaux considérables.

L'hôtel, ainsi que ses dépendances et les jardins, entouré d'une enceinte fortifiée, de distance en distance, par de nombreuses *tournelles* qui lui avaient

1. Traité de Troyes, 21 mai 1420.
2. Jusqu'en 1622, Paris ne fut qu'un évêché suffragant de l'archevêché de Sens.

donné son nom, occupait, d'une façon générale, tout l'espace compris entre le boulevard Beaumarchais, la rue Saint-Gilles, la rue de Turenne et la rue Saint-Antoine. Quand Charles VII vint l'habiter, on surmonta le porche principal, sur la rue Saint-Antoine, de l'écu de France « peint à l'huile de fin or et azur, à trois fleurs de lys d'or, avec un ange tenant le dit écu et la couronne dessus, doré d'or fin ». Le peintre avait été Jehan le Fèvre, dit d'Arras; Jehan Lozier, dit des Jeux, tailleur d'images, avait fait en pierre l'écu, l'ange et la couronne [1].

Et Charles VII fit de l'hôtel des Tournelles un véritable palais qu'habitèrent successivement après lui Louis XI, Charles VIII, Louis XII, François Ier, qui y réunit son propre hôtel d'Angoulême [2], et enfin Henri II.

1. E. de Ménorval, *Paris, depuis ses origines jusqu'à nos jours*, t. II, p. 118, note 2.

2. Rue Saint-Antoine, entre l'hôtel Sully (n° 143) et la rue de Turenne.

Pendant cette longue période d'années, le Louvre fut plus que négligé. On ne prenait souci que de ses fortifications ; de loin en loin, on réparait aussi quelques salles où certaines cérémonies se célébraient encore : la chambre aux chartes et aux hommages par exemple, la chambre aux joyaux, la salle de Saint-Louis [1]. Quant au reste du château royal, il était tellement vermoulu que de tous les côtés, après cent cinquante ans d'abandon, il tombait en ruines. Par bonheur, son vieux nom sonnait encore si bien à certaines oreilles, que François Ier, un jour, s'émut d'un état de choses aussi lamentable, et que la fantaisie lui prit d'exécuter là quelques travaux. On commença par abattre la grosse tour de Philippe-Auguste, qui menaçait les autres bâtiments ; et il ne fallut pas moins de cinq mois à de nombreux ouvriers, des premiers jours de février 1527 à la fin de juin, pour en avoir raison.

1. Vitet, *le Louvre*, p. 10.

Les frais de démolition avaient été considérables; aussi le roi dut-il abandonner ses projets de restauration, après toutefois avoir fait exécuter quelques travaux dans les parties les plus délabrées, mais sans beaucoup de succès. C'est seulement douze années plus tard, en 1539, à la nouvelle du prochain passage de Charles-Quint à Paris, qu'on vit se ranimer sa sollicitude pour le Louvre.

Pour en bien cacher les rides, tout y fut repeint et redoré, même les girouettes. Les fenêtres, qui n'étaient que des meurtrières, furent élargies et ornées de vitres neuves richement peintes. La nuit, on mit partout, chose que les ténèbres séculaires du château n'avaient jamais connue, des chandeliers de cuivre ciselé. Chambres et antichambres, galeries et salles, et les « montées » elles-mêmes, furent éclairées. Des galetas on fit des chambres, et ainsi tout un monde de rois et reines, princes et princesses, ministres et seigneurs, purent être logés.

On y voyait non pas pêle-mêle, mais « chacun, dit Sauval, dans un appartement approprié à sa qualité, » l'empereur, le roi et la reine de France; la sœur du roi, Marguerite d'Angoulême, et son mari le roi de Navarre; le dauphin et la dauphine, le connétable Anne de Montmorency, le cardinal de Tournon, et, qui plus est, peut-être porte à porte avec ce ministre, la maîtresse du roi, madame d'Étampes [1].

Charles-Quint resta six jours à Paris; et François Ier lui fit courtoisement les honneurs de sa capitale. Les deux princes n'avaient-ils aucun souvenir du passé? Charles-Quint oubliait-il qu'il avait extorqué le traité de Madrid? François Ier ne songeait-il pas quelquefois que l'empereur son rival était à la merci de sa loyauté? Il est impossible que ces idées ne vinssent pas à tous les deux. On sait le propos de Triboulet, qui avait dit à la nouvelle du voyage de Charles-

1. E. Fournier, *le Louvre et ses environs*, p. 33. (*Paris à travers les âges.*)

Quint : « Ah ! par Belzébuth ! je vais céder ma marotte à l'empereur. — Et si l'empereur traverse la France comme ses états ? reprit François Ier, — Alors, sire, c'est au roi de France que je céderai mon bonnet. »

Le prisonnier de Madrid ne put cependant se défendre de faire allusion à ces souvenirs devant Charles-Quint lui-même. Montrant la belle dame d'Etampes, son conseiller intime et nocturne : « Mon frère, dit-il à son hôte, si je croyais tout ce que me dit la bouche adorée de cette dame que vous voyez là, je ne vous laisserais pourtant point partir devant que vous n'eussiez consenti à rompre le traité de Madrid. — Si le conseil est bon, il faut le suivre, répartit froidement l'empereur. » Néanmoins, il saisit bientôt une occasion de radoucir les rigueurs de madame d'Etampes.

Un jour qu'il se lavait les mains dans un plat d'or que lui tenait un page, il laissa adroitement tomber au pied de la duchesse un diamant magnifique, d'un prix véritablement impérial, et comme elle s'empressait de le lui rendre : « Gardez-le pour le souvenir de moi, dit-il ; il paraît bien qu'il veut changer de maître, et n'aurait su mieux choisir. » La belle Diane se tint pour battue et Charles-Quint la compta désormais parmi ses amis les plus dévoués.

La réception de l'Empereur avait sans doute été splendide; il semble cependant que François Ier ait éprouvé quelque dépit de n'avoir pu lui offrir une hospitalité plus magnifique. Toujours est-il que dès l'année suivante (1540) il résolut de démolir toutes ces gothiques murailles qui n'éveillaient dans son esprit léger, que l'idée d'une vieillerie de mauvais goût, et d'édifier un palais somptueux sur l'emplacement de la vieille forteresse royale dont le nom avait si longtemps inspiré le respect.

Sébastien Serlio, architecte italien, qui dirigeait depuis quatre ans les travaux de Fontainebleau, aurait été, d'après Germain Brice, chargé d'abord de fournir un plan. Quelques-uns ont prétendu que, ne pouvant faire accueillir ses idées, il avait eu le bon goût, ou, selon d'autres, la malice de dire que le Roi se serait mieux fait comprendre en parlant à un Français. Sincère ou non, le conseil fut suivi, le roi appela un Français : ce fut Pierre Lescot.

Était-ce là un mouvement de réaction en faveur de l'art national, primé jusqu'alors par les écoles italiennes, qui siégeaient souverainement à Fontainebleau? Il serait un peu téméraire de le croire.

Quoi qu'il en soit, François Ier avait eu la main heureuse ; nul mieux que Lescot ne pouvait réaliser son dessein royal. Bullant eût peut-être mieux combiné son ordonnance, introduit dans le monument plus de calme et de repos ; mais il eût concentré, sur quelques points seulement, les ressources de l'ornementation, et manqué peut-être de puissance et d'éclat. Quant à Philibert de l'Orme, son penchant naturel fortifié par un long séjour en Italie, l'eût poussé aux expériences, aux combinaisons hasardées; tandis que l'on reviendra toujours à l'œuvre de Lescot comme à un ardent foyer d'inspiration.

Mais, cette œuvre, le roi la vit à peine commencer, puisqu'il mourut moins d'une année après que les travaux eussent été entrepris (1546)[1] : Henri II eut le mérite de ne rien changer aux projets en cours d'exécution, et sous son règne le monument se révéla dans sa magnificence, et se dessina avec ces lignes majestueuses qui lui restent encore, malgré les modifications imaginées depuis.

Lescot dirigeait les travaux avec la plus grande activité, quand un jour, le 30 juin 1559, Henri II tomba mortellement frappé par la lance de Gabriel de Lorges de Montgomery, dans un tournoi donné rue Saint-Antoine, en face du palais des Tournelles, et tout

1. Voy. A. Berty, *Topographie historique du Vieux Paris. Région du Louvre et des Tuileries*, t. Ier, p. 215 à 217.

près de cette Bastille où, depuis le 15 juin, Anne du Bourg, conseiller au Parlement, et plusieurs de ses collègues, coupables comme lui d'avoir refusé d'enregistrer un édit royal de janvier 1558 établissant l'Inquisition en France, attendaient le supplice des hérétiques : la potence et le bûcher.

La mort de Henri II, qui ne sauva d'ailleurs point Anne du Bourg [1], eut de grosses conséquences pour le palais des Tournelles, dont je suis bien obligé de parler subsidiairement, surtout pour le château du Louvre, dont les destinées vont être changées.

1. Il fut pendu et brûlé en place de Grève le 21 décembre de cette même année, en présence d'une foule immense, impressionnée par la fermeté que montra au milieu des flammes cet homme intègre, savant, estimé de tous, et difficilement contenue par les nombreux archers, arbalestriers et harcquebutiers que le prévôt des marchands, Martin de Bragelonne, avait réuni dans la crainte d'un soulèvement.

II

Aussitôt après la mort de Henri II, pour, a-t-on dit, écarter les souvenirs de la fin funeste de son époux, la reine Catherine quitta brusquement le palais des Tournelles et vint se loger, tant bien que mal, dans le Louvre inachevé de Pierre Lescot ; c'est-à-dire la partie qui s'étend, à l'occident, du pavillon de l'Horloge à l'angle sud-ouest, et, de cet angle, au pavillon faisant face au pont des Arts.

C'était, il faut bien en convenir, un assez piètre logis que ce Louvre dont la cour laissait en présence deux architectures aussi différentes que le gothique de Charles V, survivant de deux côtés (*au nord et à l'est*), et sur les deux autres, le chef-d'œuvre tout nouveau de Pierre Lescot. D'une part, ogives, clochetons, tourelles, pont-levis; de l'autre, lignes horizontales, profils purs et réguliers des ordres corinthiens et composites. Cependant, tous les travaux furent interrompus; on suspendit même l'achèvement et la décoration des parties de l'édifice, qui, n'étant pas destinées aux appartements de la reine et de ses enfants, n'avaient pas une urgente utilité[1].

Depuis ce moment aussi, le nom de Pierre Lescot cessa d'être prononcé. Ce n'est pas qu'il n'eut été confirmé dans sa charge d'architecte du Louvre[2], qu'il conserva d'ailleurs jusqu'à sa mort (10 septembre 1578); mais ce ne fut là qu'eau bénite de cour. Il était architecte du Louvre, mais du Louvre projeté; architecte pour continuer son plan quand des temps moins troublés permettraient de le reprendre... et jamais,

1. Vitet, *le Louvre*, p. 21.

2. Les lettres patentes, confirmant Pierre Lescot dans sa charge, sont datées du 24 juillet 1559, c'est-à-dire du quatorzième jour seulement qui suivit la mort de Henri II.

dans la pensée de la Florentine, les temps ne le permettraient.

Lescot avait été trop l'ami du roi pour qu'il n'en fût point ainsi; et puis, Catherine, avec ses idées italiennes, ne devait trouver ni très digne, ni très belle l'œuvre qu'il avait conçue et exécutée en partie.

Aussi quand, se trouvant mal logée, elle décida, vers 1566, la construction d'une aile nouvelle, à la suite du pavillon du roi[1], ce fut un autre architecte, Pierre Chambiges, qu'elle choisit. Cette aile nouvelle, d'abord simple rez-de-chaussée recouvert d'une terrasse, c'est la galerie qui s'allonge vers la Seine. Elle se termine par ce beau balcon d'où Charles IX, au lendemain des « Mâtines parisiennes », aurait *giboyé* les protestants échappés au massacre,

1. Elle habitait au rez-de-chaussée; ses appartements étaient situés en partie dans le corps de logis méridional (*salles 12, 13, 14 et 15 de la sculpture antique*); une partie dans le « pavillon du roi » représenté aujourd'hui par le *Corridor de Pan* et la *Salle du Tibre*.

qui s'efforçaient de traverser la rivière à la nage pour se mettre en sûreté dans le faubourg Saint-Germain.

A quel plan se rattachait cette nouvelle entreprise, comme aussi celle de la grande galerie méridionale, commencée également vers 1566, mais bientôt abandonnée [1] ? Faut-il croire que ces deux galeries étaient destinées à former une communication entre le Louvre et le château des Tuileries, dont Catherine, l'infatigable bâtisseuse, venait d'entreprendre la construction (mai 1564) sur les plans de Philibert de l'Orme ? C'est au moins très vraisemblable, bien que Berty n'ait point adopté cette hypothèse [2].

Suivant les plans de de l'Orme, à nous transmis par Du Cerceau [3], le château des Tuileries devait avoir une toute autre étendue que celle à laquelle il fut

1. Elle n'avait qu'un étage et Thibaut Métezeau en fut assez vraisemblablement l'architecte.

2. *Topographie historique du Vieux Paris. Région du Louvre et des Tuileries*, t. I, p. 259.

3. Dans le second volume des *Plus excellens bastimens de France*, publié en 1579.

bientôt limité, et même que celle qu'il eut par la suite, quand Henri IV eut fait édifier le *pavillon de Flore*, et Louis XIV le *pavillon de Marsan*. Il devait se développer sur quatre faces, embrassant non seulement le square des Tuileries actuel, mais encore la place du Carrousel jusque tout proche l'enceinte de Charles V, dont j'ai essayé de fixer le tracé [1].

De ce projet grandiose, dont Catherine avait caressé la pensée, une faible partie reçut son exécution. On sait en effet, que Philibert de l'Orme, mort à Paris dans sa maison du cloître Notre-Dame, le dimanche 8 janvier 1570, n'avait pu en construire que le pavillon central, et les deux ailes adjacentes ; et Jean Bullant, qui lui succéda, seulement le pavillon attenant à l'aile du midi, lequel ne fut achevé que sous Henri IV, peut-être aussi l'étage inférieur du pavillon attenant à l'aile du Nord.

1. Voir ci-dessus, p. 8.

Pourquoi la reine abandonna-t-elle tout à coup une construction entreprise avec tant d'ardeur que, pour la surveiller et presser les ouvriers, elle avait cessé de loger au Louvre et habitait une maison quelconque, près la rue Saint-Honoré ?

A cette question, voici ce que répond une légende, aussi historique que peut l'être une légende.

La reine Catherine, qui craignait peut-être plus le Diable que Dieu, était, dit-on, en proie à toutes les terreurs superstitieuses que lui suggéraient les Gauric, les Cosme Ruggieri, et ses autres diseurs de bonne aventure.

Or on raconte qu'ils lui persuadèrent qu'elle rendrait le dernier soupir « auprès de Saint-Germain » et qu'elle aurait été très frappée de cette prédiction ; « de sorte qu'elle ne voulait plus aller à Saint-Germain-en-Laye, et mesme, pour ce que son palais des Tuileries estoit de la paroisse de Saint-Germain-l'Auxerrois, elle en fist bastir un autre avec beaucoup de despenses dans la paroisse de Saint-Eustache[1]. »

Voilà pourquoi la reine-mère aurait interrompu la construction des Tuileries, à la fin de 1571, ou au commencement de 1572. Cependant, trois jours avant la Saint-Barthélemy, elle y donnait une fête à l'occasion du mariage de Marguerite de Valois avec le roi de Navarre, et cette fête fut comme la préface, pour ainsi dire, de la journée sanglante. On y représenta un ballet figurant un combat entre les habitants du paradis et ceux de l'enfer. La reine avait-elle voulu désigner les victimes ? Toujours est-il qu'on avait pris pour les tenants de l'enfer tous les huguenots à la tête desquels était le roi de Navarre, et pour défendre le paradis, les papistes commandés par Charles IX et ses frères[2].

Quoi qu'il en soit de cette histoire de

1. Les travaux durent en être entrepris au commencement de 1574, mais les premières acquisitions sont de 1571.

2. *Le Château des Tuileries, ou Récit de ce qui s'est*

prédiction qui, malgré l'autorité des auteurs [1] qui la rapportent, me paraît peu sérieusement établie, il faut reconnaître que la destinée fut plutôt ironique pour la reine Catherine.

Du palais grandiose qu'elle rêva d'édifier et qui devait surpasser en magnificence toutes les autres résidences royales, il ne reste plus rien que quelques débris dispersés ; et de cet hôtel de la paroisse Saint-Eustache, de cet *Hôtel de la Reine*, dont la Bourse du Commerce occupe en partie l'emplacement, une colonne en pierre, aux cannelures ornées, subsiste seule heureusement conservée dans le pourtour de la rotonde. Interrogez les habitants du quartier : « C'est, vous diront-ils, la tourelle astrologique de Catherine de Médicis » ; puis, ouvrez l'*Histoire universelle* de De Thou (t. X, p. 502), et vous lirez

passé dans l'intérieur de ce palais depuis sa construction, par P. J. A. R. D. E., t. Ier, p. 6 et s. — Voyez aussi : *Mémoires de l'état de la France sous Charles IX*, t. Ier, p. 362.

1. De Thou, Mézerai, Et. Pasquier, etc.

ceci : « La fortune voulut même se jouer d'elle jusque dans le moment qui devoit terminer ses jours. Il y avoit à la cour un gentilhomme de Normandie, nommé Julien de Saint Germain (confesseur de Henri III), à qui le Roy avoit donné la riche abbaye de Charlieu. Comme il ne se trouvoit personne pour assister la royne-mère au lit de mort, ce fut lui qui s'acquitta de cet emploi. »

Catherine de Médicis mourut à Blois, le 5 janvier 1589 ; quelques mois plus tard, le 2 août, le dernier des Valois tombait à Saint-Cloud sous le couteau de Jacques Clément, un moine du couvent des Jacobins de la rue Saint-Jacques [1].

Et cinq ans après, le 22 mars 1594, Henri de Navarre, le Béarnais aux chemises déchirées, au pourpoint troué, le huguenot que détestait si cordialement la Florentine, faisait son entrée dans

1. Les bâtiments des Jacobins s'étendaient sur l'emplacement que limitent aujourd'hui les rues Saint-Jacques, Soufflot, Victor-Cousin et la place de la Sorbonne.

Paris par la Porte-Neuve[1], celle qui avait livré passage à Henri III fugitif, le 13 mai 1588.

Le jour de son entrée, Henri IV alla droit au Louvre, où il avait vécu dans la contrainte et la gêne, sous l'œil soupçonneux de la reine Catherine et où il était maître suprême désormais.

Ce contraste devait sourire à son humeur gasconne et, sans doute, il en évoquait les souvenirs, quand il revenait de cet hôtel du Bouchage [2], remplacé, depuis 1623, par l'Oratoire, où il avait assez somptueusement logé sa « Belle Gabrielle »[3], qu'il aima comme il n'avait

1. La Porte-Neuve avait été construite sous François Ier et elle était située un peu en aval de l'enceinte de Charles V et de la tour de Bois, aujourd'hui à la hauteur des bains Vigier.

2. C'est à l'hôtel du Bouchage que Jean Châtel, qui s'y était glissé parmi les courtisans, blessa le roi assez gravement, comme on sait.

3. En 1596, Henri IV acheta pour elle l'hôtel de Schomberg (la partie sud-est du square où se trouve la statue de La Fayette en occupe à peu près l'emplacement). — Gabrielle d'Estrées a laissé un souvenir si vivace dans Paris qu'il n'y a guère de vieux logis dont on ne dise volontiers : « C'était la maison de la Belle Gabrielle ».

jamais aimé, comme il n'aima jamais plus. — En fait, de toute la monarchie, il reste dans la bouche du peuple un nom : *Henri IV*, et une chanson : *Charmante Gabrielle.*

Ah ! il est resté un mot aussi, mais ce n'était qu'un mot : *La poule au pot.*

Henri IV aima sincèrement, curieusement Paris; et sa sollicitude s'exerça d'ailleurs avec efficacité. La création de la place Dauphine et de la place Royale (*notre place des Vosges*), l'achèvement du Pont-Neuf en sont des témoignages, comme aussi le percement de la rue Dauphine, lequel n'alla point tout seul, comme on va le voir.

Le prévôt Miron, chargé en cette occurrence de faire exécuter la volonté du roi, rencontra tout à coup une résistance opiniâtre de la part du supérieur

Dans le premier volume de *La Chronique des rues*, (p. 246), j'en ai cité une, rue Chartière; j'en mentionne une autre, rue Saint-Martin, dans le deuxième volume, et j'aurai très certainement l'occasion de parler de plusieurs autres. — En réalité, Gabrielle d'Estrées a habité, dans son enfance, chez son père, rue des Bons-Enfants (à peu

des Grands-Augustins[1] qui ne voulait pas céder une partie de son jardin nécessaire à la voie projetée. Miron en référa au roi qui fit mander au Louvre l'abbé récalcitrant :

— Mon père, lui dit Henri IV, est-il vrai que vous vous opposez au percement d'une rue qui doit être ouverte pour le plus grand avantage de la ville de Paris, et en l'honneur du Dauphin, notre fils ?

près en face du n° 8); plus tard, chez sa tante, Mme de Sourdis, rue des Fossés-Saint-Germain-l'Auxerrois (actuellement rue Perrault); puis, comme je viens de le dire, les hôtels du Bouchage et de Schomberg. Elle est morte à l'hôtel de Sourdis. — Le pourpris de cette hôtel, construit pour François d'Escoubleau, marquis de Sourdis, est encore aujourd'hui bien reconnaissable. Il est contigu à la mairie du 1er arrondissement.

1. Ce couvent occupait l'emplacement compris entre le quai, les rues Dauphine et des Grands-Augustins et les maisons en bordure de la rue Christine. Il en subsiste encore quelques vestiges au n° 5 de la rue du Pont-de-Lodi. — Les bâtiments étaient considérables. Le Parlement y tenait ses audiences quand le palais (de justice) était en réparation, ou bien que des cérémonies royales le délogeait momentanément. C'est ainsi qu'il y siégeait, depuis le 6 avril, quand Henri IV fut assassiné. On sait que la reine Marie de Médicis, sacrée à Saint-Denis, le jeudi 13 mai 1610, devait faire son entrée triomphale à Paris le dimanche suivant.

— Sire, répondit le religieux, notre communauté s'appauvrira de ce morcellement ; notre bien d'ailleurs est celui des pauvres, et nous avons à cœur de le faire fructifier.

— Ventre Saint Gris, répliqua Henri IV, les maisons que vous ferez construire sur la nouvelle voie vaudront mieux que le produit de vos choux.

— Que M. le Prévôt ajoute cinq mille livres, continua le supérieur des Augustins, et c'est affaire conclue.

— Il n'ajoutera rien. Ecoutez-moi, mon Père ; vous êtes Normand, je suis Gascon, ne jouons pas au renard. Je vous donne quarante-huit heures. Si votre mur n'est pas abattu, j'irai moi-même ouvrir la rue Dauphine avec du canon s'il le faut.

— Sire, comment vous résister, dit le supérieur en s'inclinant ; vos arguments rentrent dans l'esprit de l'Eglise puisque Votre Majesté s'appuie sur le *droit canon* [1].

1. A. de Ponthieu, *Légendes du Vieux Paris*, p. 278.

C'est là, je crois, le premier exemple *d'expropriation pour cause d'utilité publique* [1].

Henri IV eût eu d'ailleurs l'occasion d'en fournir de nombreux autres, s'il avait pu poursuivre et exécuter ce qu'on a appelé « le grand dessein du Louvre ». Il ne s'agissait de rien moins, en effet, ainsi qu'il résulte de deux curieux plans de la Bibliothèque nationale et d'une fresque retrouvée en 1862 sur les murs de la galerie des Cerfs du château de Fontainebleau [2], que de la

1. Il y avait bien une ordonnance de Philippe-le-Bel, rendue en 1303; mais cette ordonnance ne prescrivait l'expropriation à juste prix, *justo pretio*, que des terrains nécessaires à quelques fondations pieuses. Henri IV étendit donc ce « retrait d'utilité publique », qu'il ne voulut pas seulement pour les fondations d'églises ou de couvents, mais pour tous les établissements à sa convenance sous la condition toutefois des indemnités stipulées en pareil cas par le Parlement, le 21 mai 1507. — Sous Louis XIV, quand on expropria pour l'élargissement des rues, on usa de beaucoup moins de libéralité. Au lieu de faire payer les indemnités par la Ville, on les exigea des propriétaires dont les maisons restées debout profitaient de la démolition des autres.

2. Voyez Albert Babeau, *Note sur les plus anciens plans d'achèvement du Louvre et de réunion de ce palais*

réunion des deux palais des Tuileries et du Louvre, celui-ci ayant dores et déjà ses dimensions actuelles, avec un pavillon central à peu près semblable à celui que devait construire Lemercier sous Louis XIII.

Mais le « dessein du Louvre » resta à l'état de projet, et tout ce que put faire Henri IV, ce fut de construire le pavillon de Flore qu'un corps de logis relia bientôt au pavillon intermédiaire de Bullant, puis de prolonger la Grande Galerie jusqu'au pavillon de Flore, en surhaussant et l'aile bâtie par Catherine et la Petite Galerie[1].

aux Tuileries, 1895, in-8°, et Berty, *Topographie historique du Vieux Paris, Région du Louvre et des Tuileries*, t. II, p. 96 à 99. — Voici ce que dit à cet égard Palma Cayet, en 1604, dans sa *Chronologie Septenaire* : « Les superbes galleries pour aller du Louvre aux Tuileries sont si avancées que les estrangers les voient avec admiration... Les Parisiens en désirent l'achèvement, affin que le Louvre soit la plus belle maison du monde ; ils voudroient aussi que l'autre gallerie pour joindre le Louvre avec les Tuilleries, du costé de la Porte Saint-Honoré, fust aussi advancé que celle du costé de la Porte-Neufve. »

1. Le pavillon de Flore et la partie des Tuileries com-

Henri IV avait fait du Louvre son logis de prédilection. Sa chambre à coucher, qui avait été celle des Valois et qui fut aussi celle de Louis XIII, était au premier étage, dans la partie du *salon des sept cheminées* comprise entre la porte d'entrée des *salles des Antiquités grecques* et celle des *salles de la Céramique antique*. Un escalier, auquel on accédait par le *corridor de Pan* (actuel), desservait cette partie du château, dont l'issue extérieure était la jolie porte que surmonte un œil-de-bœuf entouré de deux excellentes figures

prise entre ce pavillon et le pavillon de Bullant étaient du dessin de Jacques Androuet Du Cerceau fils. Le même artiste avait édifié la partie de la grande galerie s'étendant entre le pavillon de Flore et le pavillon dit maintenant *de Lesdiguières*. L'exhaussement de la grande galerie, entre ce pavillon et la petite galerie a été conduit par l'architecte Louis Métezeau ; l'étage supérieur de la Petite Galerie (*galerie d'Apollon*) a été élevé par les architectes Isaïe (?) Fournier et Jean Coin.

Etienne Du Pérac, mort vers 1601, peut avoir pris part à la confection des plans de la Grande Galerie ou aux travaux des Tuileries.

La décoration sculptée de l'étage inférieur de la Grande Galerie, depuis le balcon dit de Charles IX jusqu'au pavillon Denon, est l'œuvre des frères L'Heureux.

de Jean Goujon : Une déesse embouchant une trompette et regardant de front une autre déesse portant une couronne de laurier.

Pierre Lescot en avait indiqué le motif au sculpteur, et n'y a-t-il point plaisir, quand on est dans ce coin de la cour du Louvre, à se rappeler les vers que Ronsard adressa plus tard à Pierre Lescot — qui illustrent d'une façon si charmante les figures de Jean Goujon :

Il me souvint un jour que ce prince[1]*, à la table,*
Parlant de ta vertu, comme chose admirable,
Disoit que tu avois de toy-même appris
Et que sur tous aussi tu remportois le pris :
« Comme a faict mon Ronsard, qui, à la poésie,
« Maugré tous ses parens, a mis sa fantaisie. »
Et pour cela tu fis engraver sur le haut
Du Louvre une déesse, a qui jamais ne faut
Le vent à joue enflée, au creux d'une trompette;
Et la monstras au Roy, disant qu'elle estoit faite
Exprès pour figurer la force de mes vers,
Qui, comme vent, portoient son nom vers l'univers[2].

Cette porte particulière des appartements des Valois et des premiers Bourbons évoque d'autres souvenirs.

1. Henri II.
2. *Œuvres de Ronsard*, p. 985 de l'édition de 1609.

Le vendredi 14 mai 1610, Henri IV, après une nuit d'insomnie, alla entendre la messe aux Feuillants [1], dîna moins gaîment que de coutume, se coucha un peu après son repas, puis se releva et se promena çà et là dans sa chambre, paraissant toujours très agité. « Sire, lui dit l'Exempt des Gardes, je voy Votre Majesté triste et toute pensive. Il vaudroit mieux prendre l'air, cela la réjouiroit. — Eh bien, répondit le Roi, fais apprester mon carrosse, j'irai à l'Arsenal voir le duc de Sully, qui est indisposé. » Il chargea Vitry d'aller au Palais [2] veiller aux préparatifs de l'entrée de la Reine et monta dans son carrosse

1. Les Feuillants, religieux d'un ordre extrêmement rigoureux créé par Jean de la Barrière, abbé de Feuillant en Languedoc, avaient été appelés à Paris par Henri III en 1587. — Le couvent s'étendait de la rue Saint-Honoré, au nord, jusqu'à la rue de Rivoli, au sud. La rue de Castiglione en marque assez bien la limite occidentale ; les maisons symétriques, numérotées 229 à 235 sur la rue Saint Honoré, bordaient le couvent de ce côté et jusqu'à sa limite orientale, laquelle se trouve ainsi à peu près précisée.

2. Voyez ci-dessus, p. 32, à la note.

à huit places avec MM. d'Epernon, de Montbazon, de Lavardin, de Roquelaure, de la Force, de Mirebeau et de Liancourt, suivi de quelques gentilshommes à cheval et de quelques valets de pied. Les rideaux de cuir des portières étaient relevés à cause de la chaleur[1], et parce que le Roi voulait voir l'aspect que prenait la ville pour les fêtes du lendemain[2]. A quelques pas en arrière marchait ce « méchant et désespéré garnement », François Ravaillac, épiant depuis le matin tout ce qui pouvait favoriser l'accom-

1. On commença à user de voitures suspendues, à Paris, pour l'entrée de la reine Isabeau de Bavière en 1405. Juvénal des Ursins les appelle des *chariots branlants.* On imita au XVIe siècle le luxe des carrosses italiens. Brantôme cite ceux de Marguerite de Valois : « Ses litières tant dorées, tant superbement couvertes et peintes de tant de belles devises, et ses coches de même. » Le carrosse où Henri IV fut tué était fort simple ; ce n'était, en somme, qu'une sorte de « tapissière » et les mantelets étaient encore de cuir. C'est peu de temps après que Bassompierre introduisit l'usage de remplacer par des glaces ces rideaux par trop primitifs. — Voyez D. Ramée, *Histoire des chars, carrosses, omnibus et voitures de tous genres*, Paris, 1856, in-8°, p. 106 et s.

2. E. de Ménorval, *Paris depuis ses origines jusqu'à nos jours*, t. III, p. 81-82.

plissement de son crime. Quatre heures sonnaient à l'horloge de Saint-Germain-l'Auxerrois, la vieille église qui avait donné le signal de la Saint-Barthélemy.

Vers cinq heures, la reine causait dans son cabinet (*aujourd'hui représenté par l'antichambre des salles grecques*) avec Mme de Montpensier, quand une rumeur grandissante attira son attention, puis un cri : « Au vin et au chirurgien ! » comme c'était l'habitude en cas d'accident. Pleine d'inquiétude, elle ouvrit elle-même la porte de la chambre du roi, qu'elle traversa follement, et, arrivée dans le *grand cabinet du roi* (la partie du salon des sept cheminées la plus rapprochée de la salle des Bijoux), elle s'arrêta, anxieuse, écoutant, cherchant à deviner quel était ce cortège qui gravissait si lourdement l'escalier.

Puis le bruit se rapprocha, fut tout près, et, assis dans un fauteuil carré recouvert de velours rouge, aujourd'hui, dit-on, oublié dans une petite salle de la Bibliothèque de l'Institut, elle vit apparaître le roi, mourant, ou plutôt déjà mort, auquel Petit, son premier chirurgien, prodiguait des soins désormais inutiles.

Alors, pendant que le duc de Montbazon, Vitry, le marquis de Noirmoutiers et quelques officiers plaçaient sur son lit de parade le roi défunt, le chancelier de Sillery, qui, au moment même où la terrible nouvelle se répandait à travers le château, présidait le Conseil dans la *Salle basse* (la salle du Tibre, où, sous Henri II, on dressait la table du roi; où il avait eu avec Lescot et Ronsard l'entretien que j'ai rappelé); le chancelier de Sillery, entra, tenant par la main le petit prince qui n'était déjà plus le Dauphin.

— Monsieur, s'écria la reine, le roi est-il donc mort?

— Madame, répondit Sillery assez durement, les rois ne meurent pas en France ; puis, lui montrant l'enfant, il ajouta plus doucement : — Voilà le Roi, madame !

Marie de Médicis était régente; et, tandis qu'on transformait la grande salle basse ou des Cariatides[1] en une chapelle

1. Cette salle fut commencée par Lescot, vers 1546, sur l'emplacement de la chapelle et de la grande salle de Saint-Louis. Sous Charles V, cet espace comprit deux salles et la chapelle. La première salle (partie septentrionale) était appelée « Salle Saint-Louis »; la seconde « Grand'Salle » ou « Salle où le roi mangiest » parce que la table royale y était dressée aux jours de gala. Cette salle était mitoyenne avec la chapelle dont l'emplacement est à l'extrémité sud de la salle des cariatides. L'autel se trouvait dans l'enfoncement demi circulaire conservé par Lescot, où est aujourd'hui l'*Hermaphrodite* dit Borghèse. Lescot supprima la chapelle et réunissant l'emplacement qu'elle occupait à celui des deux salles qui la précédaient, fit une salle unique. C'est dans la partie la plus reculée de cette salle et séparée par des dégrés, que le roi tenait ses requêtes; de là le nom de « Tribunal » qui lui fut donné. La partie antérieure devint une salle des gardes. Là, Henri III fit fouetter 150 pages qui s'étaient moqués de la *procession des Flagellants* (1583); là furent pendus, le 4 décembre 1591, par ordre du duc de Mayenne, l'avocat Ameline, le commissaire Louschard, le procureur Jean Emonot, le conseiller au Parlement Auroux, en représaille du meurtre du président Brisson. — Sous Louis XIII, des comédiens, venus de Florence, y donnèrent des représentations, et des ballets y furent dansés. Un théâtre y fut aussi installé pendant la régence d'Anne d'Autriche. Le 24 octobre 1658, on y joua, devant le roi, *Nicomède*, de P. Corneille, et *Le Docteur Amoureux*, de Molière, pièce aujourd'hui perdue — L'institut y tint ses séances depuis le 4 avril 1796 jusqu'au 4 octobre 1806.

ardente, tendue de tapisserie d'or et de soie, où l'effigie du roi moulée en cire, par Grenoble, et revêtue, couronne en tête, des vêtements royaux[1], fut exposée pendant onze jours (du 10 au 21 juin); la régente, quittant, suivant l'étiquette, les appartements des reines, descendait occuper au rez-de-chaussée (salles 11 à 15 de la sculpture antique) l'appartement des reines-mères, celui qu'avait habité la reine Catherine, aussi une Médicis.

Ravaillac avait complété la Saint-Barthélemy.

1. Voy. sur cette effigie « au vif », et sur celle que possède le Musée Carnavalet, *la Chronique des rues*, t. Ier, p. 253 et 309. (Sevin et Rey, éditeurs.)

III

L'appartement des reines-mères n'était pas de plain-pied avec le jardin qu'on appelle le *Jardin de l'Infante*, en souvenir de l'Infante Marie-Anne-Louise d'Espagne, la petite fiancée de Louis XV, et qu'on appelait avant le *Jardin de la Reine*. Un fossé large de sept toises l'en séparait. Ce n'était rien moins que commode; aussi, afin que le parterre fût en communication avec ses appartements, Marie de Médicis avait-elle fait jeter sur ce fossé un pont de bois, presque une passerelle.

Les mauvaises langues l'appelaient le « Pont d'Amour [1] », en raison des vi-

1. On l'abattit en 1617, en même temps que l'on détruisit tout ce qui pouvait rappeler l'intimité du maréchal d'Ancre et de la reine Marie de Médicis (*Journal* d'Arnauld d'Andilly; *Mémoires*, de Sully); mais suivant Sauval, *His-*

sites nocturnes que lui rendait par là son favori, le maréchal d'Ancre, un de ces cavaliers servants que la princesse avait ramenés d'Italie pour que ne fût point vaine la recommandation du grand-duc, son oncle.

Se rappelant la longue stérilité de Catherine de Médicis, et le danger où cette stérilité l'avait mise d'être répudiée, le dernier mot de cet oncle prudent à sa nièce avait été celui-ci : — Soyez enceinte.

Et la chronique scandaleuse du temps prétendit que si Marie de Médicis, embarquée à Livourne le 17 octobre (1600) n'était arrivée à Marseille que le 3 novembre, c'est qu'elle avait voulu s'assurer, avant d'aborder en France, qu'elle ne serait point répudiée pour cause de stérilité.

Quand elle fut veuve, la faveur de Concini dépassa toute mesure ; et le

toire et recherches des antiquités de la ville de Paris, on le rebâtit presque aussitôt. Il est d'ailleurs très visible sur le *Plan* de Gomboust, dressé vers 1652.

maréchal en usa sans ménagements.

Comme pour braver l'opinion, il habitait le plus souvent, délaissant son bel hôtel de la rue de Tournon[1], un petit logis, plus tard *la capitainerie du Louvre*, situé au pied des appartements de la reine-mère, vers l'endroit où se trouve aujourd'hui le monument de Raffet.

Il en sortait, se rendant au lever du roi, quand, le lundi 24 avril 1617, à dix heures du matin, il fut tué sur le pont du Louvre, ce même pont dont l'emplacement est marqué par des grès noirs, vers le tiers inférieur de la cour carrée.

Le corps du maréchal, dépouillé de ce qu'il portait de plus précieux[2], fut jeté dans une petite salle, et, la nuit venue, inhumé aussi secrètement que possible

1. N° 10. — C'est aujourd'hui une caserne de la Garde municipale. De la restauration qu'on y exécuta à la fin du XVIII° siècle sous la conduite de Peyre, il reste quelques ferrures, plusieurs cheminées en marbre, deux pièces dont l'une est ornée de fines boiseries formant alcôve, et la belle porte aux vantaux sculptés.

2. On trouva sur lui deux millions de livres en papier et, dans la petite maison qu'il habitait, deux millions deux cent mille livres de mandats.

à l'entrée de Saint-Germain-l'Auxerrois, sous les orgues. Mais le lendemain, de grand matin, la populace déterra le cadavre et le traîna par les ruisseaux jusqu'au Pont-Neuf, où elle le pendit par les pieds à une potence dressée devant le *Cheval de bronze*[1]. Après l'avoir accablé de mille outrages, on le décrocha pour le tirer au bout d'une corde à la Grève et à la Bastille, rue de Tournon, devant son hôtel, enfin sous les balcons du Louvre. Louis XIII parut à celui du premier étage (galerie d'Apollon) et, digne successeur de Charles IX, fit de la main comme un signe d'encouragement. Ce fut alors une scène de cannibales : un homme grilla le cœur sur des charbons et le mangea publiquement ;

1. Le « Cheval de bronze » commencé par Jean de Bologne avant 1608, terminé par son élève Pietro Tacca, offert à la reine par le grand-duc Cosme II, expédié en France par mer, avait fait naufrage sur la côte normande ; repêché au commencement de 1614 et amené à Paris, on l'avait placé, le 23 août de cette même année, sur le piédestal disposé à cet effet par Pierre de Franqueville. Mais la statue de Henri IV, attribuée à Guillaume Dupré, ne fut posée qu'en 1635.

un autre arracha les oreilles et les vendit au plus offrant ; on coupa le corps en morceaux qu'on jeta à la rivière [1].

Marie de Médicis avait compris, aussitôt l'événement, que son rôle était désormais fini. — « J'ai régné sept ans, avait-elle dit ; il ne faut plus penser à d'autre couronne qu'à celle du ciel » ; et, après quelques jours, se voyant abandonnée, humiliée, elle demanda à se retirer à Blois. Elle partit le mercredi 3 mai ; le soir même, Louis XIII allait s'installer à Vincennes, et le Louvre tombait dans un long abandon.

Enfin Richelieu vint, et ce n'est pas un de ses moindres titres de gloire que d'avoir réalisé, *quant au Louvre*, le « grand dessein » de Henri IV. Il entra au ministère le 26 avril 1624 ; deux mois après, le vendredi 28 juin, il amenait Louis XIII de Compiègne à Paris, tout exprès pour poser la première pierre des nouveaux bâtiments, en pré-

1. E. de Ménorval, *Paris depuis ses origines jusqu'à nos jours*, t. III, p. 99-100.

sence du prévôt des marchands, Nicolas de Bailleul [1] et de ses échevins [2].

L'architecte, choisi pour conduire ces travaux, était Jacques Lemercier, qui devait un peu plus tard, en 1629, entreprendre la construction du *Palais Cardinal* et de la *Sorbonne*.

On a beaucoup critiqué son œuvre. En fait, il reproduisit purement et simplement le type de Pierre Lescot, depuis le pavillon de l'Horloge jusqu'au milieu de l'aile en retour, du côté du nord, au droit de la rue de Marengo. Pouvait-il faire mieux que de continuer intelligemment ce qui était fait ?

On a dit qu'il avait dénaturé l'œuvre de Lescot en doublant l'étendue linéaire des bâtiments, en quadruplant l'étendue

1. Nicolas de Bailleul, seigneur de Watrelos-sur-Mer, et de Choisy sur-Seine, conseiller du roi, lieutenant civil, prévôt des marchands de 1622 à 1628, n'est pas le parrain de la *rue de Bailleul* qui se trouve dans le 1er arrondissement. — Celle ci doit son nom à Robert Bailleul, clerc des comptes, qui y habitait en 1423.

2. Charles Dolet, avocat au Parlement ; Simon Marcez marchand et bourgeois ; Prospère de Motte, conseiller au Châtelet ; Pierre Perrier, marchand et bourgeois.

de la cour. Mais quels étaient, en définitive, les plans de Pierre Lescot, égarés à sa mort et que son successeur, Androuet du Cerceau, n'aurait, dit-on, jamais pu retrouver ? Devait-il se borner à construire dans la cour quatre corps de logis, égaux en largeur à celui qu'il avait élevé à l'ouest en les flanquant aux quatre angles extérieurs de pavillons semblables au pavillon du roi ? Sans doute, il en est ainsi aux châteaux de Gaillon, d'Ancy-le-Franc, d'Écouen, dont l'aspect a été retracé dans *les plus excellents bastiments de France*, de Du Cerceau ; mais d'un autre côté, l'ambassadeur vénitien Lippomano écrivait en 1577 : « de ce palais destiné à être un des plus beaux du monde, UN QUART SEULEMENT EST CONSTRUIT [1]. » On parlait donc, dès cette époque, d'un plan d'après lequel la cour aurait été quadruplée d'étendue ; et quel aurait été ce plan, sinon celui de Pierre Lescot ?

Puis encore, il y a la fresque de Fon-

1. Relations des ambassadeurs Vénitiens, dans la *Collection des documents inédits*, t. II, p. 595.

tainebleau, il y a les deux plans de la collection Destailleur aujourd'hui à la Bibliothèque Nationale, qui datent du règne de Henri IV, comme l'attestent les initiales des noms de ce roi et de Marie de Médicis dessinées sur les parterres des jardins[1].

Une conclusion s'impose donc, celle-ci : Lemercier a continué le plan de Pierre Lescot ou adopté le « grand dessein du Louvre » accueilli par Henri IV ; mais il n'a point imposé un plan qui lui fût propre ; il n'a pas « dénaturé » l'œuvre de Pierre Lescot, au moins par voie d'amplification.

Ce qui appartient bien, par exemple, à Lemercier, c'est *le pavillon de l'Horloge*, soutenu par les huit cariatides gigantesques de Sarrazin, qu'on a souvent loué — à tort, suivant moi.

Ces figures, d'une si grande élévation, portent absolument à faux sur toutes les

1. Voy. Albert Babeau, *Note sur les plus anciens plans d'achèvement du Louvre et de la réunion de ce palais aux Tuileries*, Paris, 1895, in-8 ; — et ci-dessus, p. 34.

parties qui leur servent de soutien; de plus, et contre toute idée de vraisemblance, les quatre cariatides du milieu étant élevées sur des colonnes jumelles, ces figures sont de même assujetties mutuellement à une pénétration vicieuse. Enfin, ces cariatides accouplées portent autant d'avant-corps, couronnés d'une corniche, qui soutient autant de frontons, en sorte que, par une bizarrerie qui n'a peut-être point d'autre exemple, on remarque trois frontons, l'un dans l'autre, un circulaire, deux autres triangulaires, le tout surmonté par un dôme quadrangulaire, qui achève d'accabler cet avant-corps.

Bien que sous l'influence de Richelieu, il y ait fait, comme on vient de le voir, exécuter des travaux considérables, Louis XIII n'aimait pas le Louvre qu'il habita le moins qu'il put.

Il préférait le séjour de Vincennes, Compiègne, Saint-Germain ou Grosbois, simplement, peut-être, parce que la reine logeait le plus souvent au Louvre.

Louis n'aimait les femmes que jusqu'à la ceinture ; et ce n'était point la façon qu'estimait Anne d'Autriche. Elle se consolait donc de l'abandon où la laissait volontiers le roi. Cependant, au commencement de décembre 1637, elle désira que cet abandon cessât, au moins momentanément, et Mlle de La Fayette voulut bien s'employer à rapprocher les deux époux.

Mlle de La Fayette, depuis quelques mois, s'était retirée du monde et réfugiée au couvent des Filles de la Visitation de Sainte-Marie, rue Saint-Antoine[1]. Louis XIII, qui avait été fort

1. Les Visitandines s'étaient tout d'abord installées (1621) à l'angle nord de la rue de la Cerisaie et de la rue du Petit-Musc ; et il n'y a pas dix ans que la vieille demeure subsistait encore, transformée, depuis longtemps, en logements particuliers. L'un deux, en 1807, était occupé par un décorateur d'appartements nommé Bouflé, dont le fils aîné fut le grand comédien Bouffé. — En 1628, elles vinrent occuper les bâtiments de l'ancien hôtel de Boissy, puis de Cossé-Brissac, qui s'étendaient sur la rue Saint-Antoine de l'hôtel de Mayenne (n° 212) jusqu'un peu au delà du débouché de la rue Castex. C'est à l'hôtel de Boissy que mourut Quélus, le 29 mai 1578, des blessures reçues dans le fameux duel de la « place des Maquignons », marché aux

amoureux de Mlle de Lafayette, venait souvent voir « sœur Angélique », profitant de la prérogative attachée au titre de roi, de reine, ou d'enfant de France, d'avoir accès dans tous les couvents et de converser librement avec les religieuses.

Il y vint de Grosbois, le 5 décembre 1637 et l'entretien fut long. Quand il sortit, tout pensif, la nuit était venue; il faisait en outre une affreuse tempête mêlée de pluie et de grêle. Comme on lui demandait ses ordres, Louis XIII parut faire un grand effort sur lui-même puis, après un instant de silence : — Nous allons au Louvre, dit-il.

Et à la reine, en arrivant : — Madame, il fait si mauvais temps, que je ne puis retourner à Grosbois. Je viens donc vous demander un souper pour ce soir et un gîte pour cette nuit [1].

chevaux établi depuis quelques années sur l'emplacement de l'hôtel des Tournelles, entre la rue de Birague et la rue des Tournelles. — Il ne reste du couvent des Visitandines que l'église construite par Mansart vers 1634, et affectée depuis 1802 au culte protestant.

1. Voy. *Mém. de Mme de Motteville*, t. Ier, p. 80; — Docteur

Ainsi Louis XIII, pendant cette nuit, partagea non seulement le souper, mais encore la couche d'Anne d'Autriche[1]; et ce fut une nuit mémorable, puisque neuf mois après venait au monde l'enfant qui devait être Louis XIV.

Il n'avait que cinq ans lorsque Louis XIII mourut. Ce fut le 14 mai 1643 que cet événement arriva et, au mois d'octobre suivant, la reine-régente, qui se déplaisait au Louvre toujours inachevé, alla occuper avec ses enfants les magnifiques appartements du Palais Cardinal[2], si agréable par son vaste jardin; Mazarin s'établit en même temps, mais d'une façon provisoire à l'hôtel Tubeuf[3] qu'il avait acheté en 1640.

Cabanès, *le Cabinet secret de l'Histoire*, 4e série, p. 73 et s.

1. La chambre à coucher d'Anne d'Autriche, la même qu'avaient occupée Catherine de Médicis, Marie Stuart, Louise de Vaudemont et Marie de Médicis, avant son veuvage, est aujourd'hui comprise dans la salle de la Céramique antique qui suit la salle Clarac et qui s'ouvre sur la cour du Louvre. Elle était située dans la partie la plus voisine de la salle Clarac.

2. Palais-Royal.

3. Actuellement dépendance de la Bibliothèque Nationale et numéroté 8, sur la rue des Petits-Champs.

Les travaux du Louvre furent alors interrompus encore une fois[1]. Et, tandis que « la Monnaie », par Richelieu, installée au rez-de-chaussée de la grande galerie, un peu au delà du pavillon Lesdiguières ; la Monnaie du Louvre d'où sont sorties ces belles pièces d'or à l'effigie de Louis XIII, qui, les premières, furent appelées « louis » ; tandis que la Monnaie délogeait, n'ayant plus ni or ni argent à frapper, l'*Imprimerie royale* créée par Richelieu, et dont les longues chambres faisaient suite à celles de la Monnaie, en se rapprochant du Louvre, était à l'agonie[2].

1. Il restait à édifier l'aile de l'est, la moitié de celles du nord et du sud, et six pavillons, trois à toits aigus comme le « Pavillon du Roi », et trois à dômes comme le « Pavillon de l'Horloge ». On peut voir l'indication précise de l'état du Louvre à cette époque dans une jolie planche d'Israël Sylvestre intitulée : *Vue et perspective du Louvre faict du règne de Louis XIII.*

2. Elle se releva sous Louis XIV, imprimant lettres-patentes, déclarations, arrêts, ordonnances, même celles du passé, et le magnifique recueil in-folio, qu'on appelle pour cela *Ordonnances du Louvre*, en est sorti. Pendant la Révolution elle devint *Imprimerie nationale* ... s quitter ses anciens logements, et les premiers numéros du *Bulle-*

Le Louvre, lui, était à l'abandon. Ce n'est pas qu'il eut cessé d'être une demeure royale, dans la complète acception des mots, mais la reine qui l'habitait était une « reine en exil » : Henriette de France, bientôt veuve de Charles Ier, roi d'Angleterre.

Elle occupait les anciens appartements d'Anne d'Autriche au premier étage ; et l'hospitalité française était large pour elle, quoi qu'on en ait dit : « le roi lui donne, dit Olivier d'Ormesson, douze cents livres par jour ». Convient-il donc d'accepter sans réserve le larmoyant récit du cardinal de Retz : — « J'allai, dit-il, chez la reine d'Angleterre que je trouvai dans la chambre de madame sa fille, qui a été depuis madame d'Orléans.

tin des Lois y furent tirés. En 1795, on la transféra à l'hôtel de Toulouse, rue de la Vrillière, où elle resta jusqu'en 1809. A cette date, la Banque de France, ayant acheté l'hôtel, l'Imprimerie nationale, devenue *impériale*, dut déloger. On l'installa alors rue Vieille-du-Temple, dans l'ancien hôtel de Rohan où elle est encore. (Voy. sur cet hôtel un intéressant travail de M. Ch. Sellier, *Procès-verbal de la commission du Vieux Paris*, séance du 7 juin 1899, p. 347-8.)

Elle me dit d'abord : — Vous voyez, je viens tenir compagnie à Henriette[1], la pauvre enfant n'a pu se lever aujourd'hui, faute de feu. »

Voilà, en vérité, une situation bien triste ! mais, cette situation, la reine d'Angleterre se l'était faite elle-même. « C'est sa faute, écrit brutalement Dubuisson-Aubenay dans son *Journal* inédit, à la date du 13 janvier 1649, c'est sa faute, et le mauvais ménage des siens, car le roi lui a payé le trimestre

1. Henriette d'Angleterre, mariée le 31 mars 1661 au duc d'Anjou, frère du roi, qui reçut comme cadeau de noces l'apanage du feu duc d'Orléans, tel que Gaston l'avait possédé, moins Blois et Chambord. A partir de ce moment, on appela indifféremment le duc d'Anjou : *Monsieur* ou le *Duc d'Orléans*. — On sait qu'elle mourut dans la nuit du 29 au 30 juin 1670, au château de Saint-Cloud. Des bruits d'empoisonnement coururent, on n'y croit plus guère aujourd'hui; mais ce qui caractérise bien l'état moral de cette Cour où elle était choyée, fêtée, dont elle semblait l'idole, c'est que, dans son entourage, tout le monde, à tort où à raison, fut persuadé du crime, et que personne n'osa s'en indigner. Le roi eut des soupçons, questionna et ne poussa pas bien loin ses investigations, peut-être par crainte de ce qu'elles auraient révélé. — (Voy. Frantz Funck-Brentano : *le Drame des Poisons*, Paris, 1899, in-18, p. 249 et s.)

d'octobre dernier ; cependant elle doit tout à ses pourvoyeurs et marchands qui ne lui veulent rien donner sans argent. »

La vérité vraie est que la reine d'Angleterre n'avait pas prévu que le roi, que la reine-mère, que Mazarin, ce roi de la main gauche, seraient forcés de fuir, et s'était montrée trop peu économe dans son imprévoyance de la *Fronde*.

La Fronde !... mais l'origine de ce nom m'appartient !

Il restait encore au bas de la butte Saint-Roch [1], s'étendant de la rue de Richelieu ouverte en 1633, jusqu'aux approches de la Grande Galerie reliant le Louvre au pavillon de Flore, c'est-à-dire traversant toute la place du Théâtre-Français et toute la place du Carrousel, il restait, dis-je, un bout du fossé de l'enceinte de Charles V, parfaitement figuré d'ailleurs sur le plan de Gom-

1. Nivelée en 1878. Le sommet s'en trouvait à la hauteur du nº 13 de l'avenue de l'Opéra. Il y avait là une fontaine qu'on appelait la *Fontaine d'Amour*, par allusion peut-être aux dames trop galantes qui en faisaient le centre de leurs rendez-vous.

boust. Dans ce fossé, les gamins de Paris venaient par bandes jouer à la fronde, s'enfuyant comme des volées de moineaux dès qu'apparaissait l'ombre d'un archer ou d'un sergent, pour se reformer aussitôt et fronder mieux que jamais, aussitôt que l'homme de police s'était éloigné [1].

« Or, dit Edouard Fournier [2], c'était le temps où la brouille commençait entre Mazarin et le Parlement. Chaque fois que l'illustre corps tenait ses assemblées, on n'y marchandait pas les plus amères satires au ministre détesté. La présence d'un prince pouvait seule arrêter dans leur verve les magistrats mécontents.

« Un jour le duc d'Orléans assistait aux délibérations, et les plaintes contre Mazarin en avaient pris un ton moins vif et moins amer. Tout le monde retenait les

1. Une petite rue : la *rue des Frondeurs*, absorbée depuis 1868 par le prolongement de la rue de l'Echelle, entre la rue Saint-Honoré et l'avenue de l'Opéra, pourrait avoir été un souvenir de ces jeux, sévèrement défendus par un arrêt de la prévôté. (Voy. Augustin Challamel, *Histoire anecdotique de la Fronde*, 1860, in-18, p. 3.)

2. *Histoire de la Butte des Moulins*, p. 48.

traits si librement décochés d'ordinaire.

« Bachaumont, frère cadet du président Le Coigneux, et l'un des plus jeunes conseillers, le remarqua : cette retenue des parlementaires, si disposés au silence par la seule présence d'un prince, le fit penser alors à ces bandes de petits frondeurs rendus si prompts à la fuite par la seule apparition d'un sergent. Songeant aussi à la belle tempête d'invectives qui recommencerait dès le départ du prince, et qui ainsi compléterait la comparaison entre messieurs du Parlement et les gamins redevenus téméraires après le départ de l'archer, il se mit, riant sous cape, à dire à son voisin : on se tait à présent ; mais qu'il parte, on *frondera* de plus belle. »

La phrase fit fortune ; du Parlement, elle se répandit dans la ville, et la révolution, dont ces bavardages amers étaient le prélude, la *Fronde*, qui éclata bientôt, y trouva son baptême[1].

1. Le cardinal de Retz a consacré lui-même cette étymologie dans ses *Mémoires*, liv. III, chap. Ier.

Le « vent de Fronde », ainsi qu'on disait, soufflait dès lors, et furieusement, aux Tuileries, habitées par Mlle de Montpensier, la « Grande Mademoiselle », qui n'avait qu'à traverser son parterre pour aller *fronder* à l'hôtel de Chevreuse, dont le *Monument de Gambetta* indique assez bien l'emplacement.

Mais tout passe; et, subissant la loi commune, la Fronde passa. Au mois d'octobre 1652, le roi, la reine-mère et Mazarin, rentrés à Paris, vinrent s'installer au Louvre, qui, bien que délabré et assez mal clos, leur semblait d'une habitation plus sûre que le Palais-Royal, et les Tuileries qu'abandonne la Grande Mademoiselle, alors exilée dans ses terres, retombent dans leur morne solitude : insuffisantes pour une résidence d'hiver, elles sont trop près de la ville pour devenir un séjour d'été. Pendant de longues années, on se borna à y exécuter des travaux d'entretien, comme au Louvre, des travaux de remaniements intérieurs[1].

1. Après la Fronde, Anne d'Autriche était venue occu-

C'est seulement en 1660, après le traité des Pyrénées[1], que commença, sous Louis XIV, une première série de constructions modifiant l'aspect extérieur. Louis Levau, l'architecte du surintendant Fouquet pour le château de Vaux-le-Vicomte, avait succédé à Lemercier, mort en 1654; et, avec le concours de son gendre, François d'Orbay, il continuait l'aile du nord [2] et celle du sud[3],

per les appartements du rez-de-chaussée de l'aile méridionale : les appartements des reines-mères; mais désireuse de se mieux loger, elle avait fait affecter à son usage tout le rez-de-chaussée de la *petite galerie* presque de niveau avec le parterre (*jardin de l'Infante*), où le poète Gombaud, au temps de Marie de Médicis, venait passer son temps et faire dépense de petits vers tendres adressés à la reine-mère qu'il croyait éprise de lui. — Les salles de *Mécène*, des *Saisons*, de la *Paix*, de *Sévère*, des *Antonins*, occupent aujourd'hui l'emplacement des « nouveaux » appartements d'Anne d'Autriche.

1. La chapelle du Louvre (actuellement salle des *Bronzes antiques*) bénite le 18 février 1659 par le précepteur du roi, Hardouin de Péréfixe, évêque de Rodez, reçut le nom de *Notre-Dame-de-la-Paix*, par allusion à ce traité dont on préparait les préliminaires.

2. Elle s'étend aujourd'hui sur la rue de Rivoli, en face les magasins du Louvre, la rue du Coq, devenue rue de Marengo, et l'Oratoire.

3. Pour cette façade très mouvementée, bien proportionnée, en parfait rapport avec le reste du Louvre, et ce-

en même temps qu'il préparait la façade est, la principale, celle dont la grande porte devait être la véritable entrée du Louvre.

Mais pour que cette entrée eût quelque majesté, il fallait pouvoir dégager le monument des bâtiments d'habitation qui obstruaient le terrain, et quelques-uns étaient d'un grand prix. C'était d'abord, sur la partie septentrionale de la colonnade, l'hôtel de Jacques-Nompar de Caumont, duc de la Force, maréchal de France; puis l'hôtel de Longueville, s'étendant jusqu'au pavillon central dont l'emplacement était occupé par le petit hôtel de Retz, enfin, et jusqu'au quai, le Petit-Bourbon, immense demeure féodale construite sous Charles V, par son beau-frère le duc de Bourbon. — Un arrêt de justice en avait commencé la ruine, après la trahison du connétable.

pendant masquée, en 1670, comme on le dira tout à l'heure, voyez une jolie reconstitution de M. Hoffbauer, dans *Paris à travers les âges, le Louvre et ses environs*, planche V.

Depuis plus d'un siècle la grande porte était barbouillée de cette couleur jaune dont le Bourreau brossait les maisons des criminels de lèse-majesté [1].

Confisqué depuis 1527, le Petit-Bourbon pouvait être démoli sans qu'il en coûtât rien à la couronne, et M. de Ratabon en entreprit brutalement la démolition, commençant par la grande salle [2], celle qui servait pour les fêtes royales, celle où la troupe de Molière alternait avec les *Comédiens Italiens* [3].

Du manoir féodal, il ne restait déjà plus que d'informes débris ; on avait abattu des hôtels les parties les plus voisines de la façade qu'il s'agissait de construire; Levau avait fait ses fouilles

1. Tallemant des Réaux, *Historiettes*, édit. in-12, t. Ier, p. 127.

2. Richer l'a décrite dans le *Mercure François* de 1614 (t. IV, p. 9-10), et l'on peut voir par un curieux passage de *Francion*, de Sorel (p. 245-255), quelle affluence l'encombrait, quand on y dansait des ballets du roi. Le plus fameux fut celui de *la Nuit* que Louis XIV y dansa pendant le carnaval de 1653.

3. Voyez Campardon, *les Comédiens du Roi de la troupe française pendant les deux derniers siècles*. Paris, 1880, in-8.

et arrasé ses fondations; bien plus, quelques parties de son bâtiment étaient même élevées à huit ou dix pieds hors de terre[1], lorsqu'au mois de mai 1664 il reçut l'ordre de tout suspendre.

Qu'était-il arrivé ? Le 5 septembre précédent, Louis XIV, pour assouvir une vengeance personnelle et non pas pour exercer un acte de justice, avait fait arrêter par d'Artagnan, capitaine des mousquetaires, à Nantes, où se trouvait la Cour, et contre les attributions du Lieutenant-civil, contre l'autorité du Parlement de Paris, le surintendant Fouquet; et Colbert, devenu surintendant des bâtiments, se souvenait que Levau avait été au service des deux hommes qu'il détestait le plus : Mazarin, et surtout Fouquet[2].

Alors, l'histoire du Louvre présente un épisode curieux, du moins pour ceux qu'intéressent l'intrigue et les manœuvres des

1. Vitet, *Le Louvre*, p. 49.

2. Fouquet demeurait, à Paris, rue du Temple dans une maison encore existante, qui porte les nos 101 et 103.

gens en place. Ce récit, toujours nouveau et toujours le même, des misères cachées derrière le pouvoir absolu s'éloignerait trop du sujet de cette « Causerie » ; j'aurais à raconter l'arrivée pompeuse du Bernin à Paris, son départ subit après de premiers essais, aussi les inimitiés qu'il souleva dès le premier jour, enfin sa disgrâce, voire son expulsion déguisée[1].

Alors le parti des frères Perrault

Il fut jugé, non par le Parlement de Paris, mais par une « Chambre de justice » réunie à l'Arsenal et composée de vingt-deux membres. Neuf votèrent la mort ; treize le bannissement perpétuel et la confiscation des biens, peine que le Roi, dans sa clémence (!), commua en prison perpétuelle. L'arrêt fut rendu le 20 décembre 1664, et, trois jours après, le malheureux Fouquet partit pour la forteresse de Pignerol, où il arriva le 10 janvier 1665. Rien de plus incertain que ses derniers moments. Gourville et la comtesse de Vaux, belle fille de Fouquet, croyaient qu'il était sorti de Pignerol quelques temps avant sa mort. D'autre part, Mme Fouquet, à qui le corps du surintendant aurait été remis, l'aurait fait inhumer à Paris, le 28 mars 1681, en l'église du couvent de la Visitation de Sainte-Marie, rue Saint-Antoine (*Voyez plus haut, p.* 54), dans le tombeau de son père François Fouquet. Des fouilles, faites en 1840, n'ont pas fait retrouver son cercueil.

1. Nous avons de lui, au bout de la pièce d'eau des Suisses, à Versailles, une statue équestre de Louis XIV.., dont on a fait un *Curtius* en en changeant la tête.

triompha, pour nous doter de la *Colonnade du Louvre*, trop longue, trop haute, ce qui obligea de masquer la très intéressante façade du sud, que Levau venait à peine d'achever en regard de la Seine, et de surélever trois ailes de la cour carrée en remplaçant, au nord, au sud et à l'est, l'attique si gracieuse de Pierre Lescot, copiée par Lemercier et par Levau, par une répétition servile de l'ordre du premier étage.

Faut-il se plaindre avec amertume et regretter outre mesure l'indéniable influence exercée par la « Colonnade » sur le style architectural de la fin du XVIIe siècle et sur celui du XVIIIe siècle tout entier ? En réalité, elle nous a valu des édifices charmants comme les deux bâtiments de la place Louis XV, notre place de la Concorde ; d'autres plus discutables, comme la place Vendôme et la place des Victoires, la Monnaie, les Ecoles de Droit et de Médecine ; et enfin, à une époque plus rapprochée de nous, la Madeleine, la Bourse, le péristyle de la Chambre des Députés.

Aussi bien, tout ce style en décor de tragédie antique était-il vraiment la caractéristique du « Grand Règne », comme les lourdes perruques, les tragédies de Racine, les vers de Boileau, et les plantations symétriques de Le Nôtre.

IV

Aux Tuileries, l'œuvre de Le Nôtre est contemporaine des remaniements dirigés par Levau, conséquences d'une fête restée célèbre : le *Carrousel* des 5 et 6 juin 1662.

On avait choisi l'ancien « parterre de Mademoiselle », où la grande révoltée avait si souvent promené ses réflexions et ses rêves. De cette fête, destinée à donner la plus haute idée de la puissance royale et à étouffer les derniers souvenirs de la Fronde, il est resté le nom de *place du Carrousel*, que conserve l'emplacement où elle eut lieu [1]. Il en est aussi resté autre chose, un véritable monument de l'art : *les Courses de testes*

1. La place du Carrousel de 1662 n'occupait qu'une très petite partie de la place actuelle, régularisée et agrandie en 1806 et en 1849.

et de bagues faites par le roy et par les princes et seigneurs de sa cour. Israël Sylvestre en a gravé les planches et Sébastien Mabre-Cramoisy, directeur de cette imprimerie, que nous avons vue installée au Louvre, en a tiré le texte.

Les Tuileries offraient à cette époque comme une vaste déchirure correspondant à l'aile restant à construire du côté septentrional, et cet état d'inachèvement apparut si clairement qu'Israël Sylvestre, en gravant, quelques années plus tard, les planches de son « carrousel », crut devoir placer les acteurs de cette scène dans un décor complet. Il prit les Tuileries comme toile de fond et figura comme achevée la partie qui n'était encore qu'à l'état de projet, même assez vague.

Il est hors de doute que Louis XIV fut particulièrement impressionné d'un état de choses qui blessait sa vanité. Aussi, quand Levau eut été sacrifié au Louvre, il décida de lui donner un dédommagement, et le chargea non seulement de construire le pavillon du Nord, dit pavillon de Marsan [1], et l'aile intermédiaire, mais encore d'agrandir, d'élargir, de surélever le vieux château [2]. Levau ne jouit pas longtemps de ce retour de faveur ; les travaux commencèrent en 1664, et il mourut l'année d'après, laissant à d'Orbay le soin de continuer une œuvre qui a été diversement jugée.

Pendant ce temps, Le Nôtre transformait du tout au tout l'ancien jardin des Tuileries, où aimaient tant à se promener la reine Catherine et son fils Charles IX. Il l'exhaussa de deux longues terrasses : au sud, celle du bord de l'eau, et, au nord, celle des Feuillants. Puis, conver-

1. A cause de Marie-Louise de Rohan, veuve de Charles de Lorraine, comte de Marsan, qui y habitait en 1756.

2. Je n'entreprendrai pas la description des agrandissements exécutés par Levau, ou sur ses plans. Un travail de ce genre ne peut être justement apprécié que par comparaison, en mettant chaque détail architectonique nouveau en regard de celui qui existait dans l'état ancien. Je conseillerai aux lecteurs, qui voudraient faire ce rapprochement, de consulter les belles restitutions de Hoffbauer dans *Paris à travers les âges, le Palais des Tuileries*, pl. 1, 2 et 3.

tissant en terrasses l'ancienne fortification de Charles IX[1], il laissa entre celles-ci, s'abaissant en pente douce jusqu'au niveau du sol, une ouverture qui, un peu plus tard, donna une magnifique perspective sur le *Grand Cours* (avenue des Champs-Élysées), quand il fut planté en 1670. C'est là que se trouvait, jeté sur le fossé, et pour tenir lieu des anciens pont-levis verticaux, ce pont-levis horizontal, connu sous le nom de *Pont-Tournant,* dont l'ouverture et la fermeture furent, pendant quelque temps, une des curiosités de Paris.

L'exécution du plan de Le Nôtre entraîna la suppression de la rue séparant les jardins du palais et dont s'était égayée la verve de C. Le Petit [2]. Elle entraîna aussi la destruction de la volière, du labyrinthe, de la pièce d'eau carrée, de la garenne, ces splendeurs dont le sou-

1. Elle subsiste encore sur une partie de son étendue, facilement reconnaissable à l'appareil de la maçonnerie.
2. *Paris ridicule*, édit. P. L. Jacob, Paris, 1859, in-8°, p. 13.

venir resta longtemps dans la mémoire des Parisiens et que Sauval a bien voulu décrire [1]. Mais déjà avait disparu la merveille des merveilles, la fameuse *grotte* [2], de Bernard Palissy, mentionnée dans un compte de 1570 comme étant alors en cours d'exécution. Et, si l'on juge de l'importance de cet ouvrage décoratif par les travaux préparatoires qu'il a nécessités, on doit en avoir la plus haute opinion.

Pour la mener à bien, Palissy avait pris logement dans le palais même et établi ses fours à quelques pas des chan-

1. *Histoire et Recherches des antiquités de la ville de Paris*, Paris, 1724, in-fol., t. II, p. 59-60. — Sauval avait commencé son ouvrage vers 1654. — « Il y a ici, dit Guy Patin, dans sa lettre 107, écrite à Charles Patin, le 16 novembre 1655, un jeune homme nommé Sauval, Parisien, qui travaille avec beaucoup de soin et de peine à nous faire une pleine histoire de la ville de Paris..... Il espère de commencer à Pâques l'édition du premier tome, qui sera bientôt après suivi du second. » — Espérances vaines, puisque Sauval mourut en 1669 ou 1670, laissant son manuscrit inachevé, et son œuvre, tronquée, n'a été publiée que soixante-dix ans plus tard.

2. Dans la langue du XVIe siècle, *grotte* et *fontaine* sont synonymes.

tiers de Philibert de l'Orme, à peu près où se trouve la salle des États, c'est-à-dire à l'ouest des guichets du bord de l'eau [1].

La *fontaine* ou *grotte* des Tuileries, « imitation libre de l'art grec, diversifié par le goût italien et français [2], était située, au niveau du jardin, sur l'emplacement que couvre la terrasse du bord de l'eau, et probablement vers l'endroit où s'ouvre le *guichet du pont de Solférino*. Malheureusement, il faut admirer de confiance cette œuvre, inachevée sans doute, de l'illustre potier de Saintes, puisqu'il n'en est resté ni dessin, ni vestiges.

Avec les remaniements de Le Nôtre disparut encore le *Jardin de Regnard*, dont il est souvent parlé dans les Mémoires de la minorité de Louis XIV. Il occupait l'emplacement du grand bassin et des parterres avoisinants. C'était un lieu de plaisir, rendez-vous ordinaire

1. Fouilles de 1865.

2. L. M. Tisserand, *le Palais des Tuileries*, p. 23 (dans *Paris à travers les âges*).

des seigneurs de la cour et de tout ce qu'il y avait de galant en ce temps-là. Sa grande vogue fut pendant la Fronde.

Un jour, le duc de Nemours et le duc de Beaufort s'y rencontrèrent, une rixe s'en suivit, puis un duel. Il eut lieu, le 30 juillet 1652, au Marché-aux-Chevaux, là où l'avenue de l'Opéra croise la rue des Petits-Champs. Nemours tira le premier. « Il donna dans les cheveux du duc de Beaufort, lequel, voyant qu'il avait évité le coup, dit au duc de Nemours qu'il se devoit contenter, et qu'il lui donneroit la vie s'il la lui demandoit. Le duc de Nemours répondit qu'il ne la luy demanderoit jamais, et, ayant mis l'épée à la main, à l'instant qu'il eut tiré son pistolet, il se mit en devoir de porter un coup à M. le duc de Beaufort, qui en eut la main un peu blessée, et, à l'instant même, il tira son pistolet, dont il donna droit dans l'estomac du duc de Nemours, et lui perça le *cœur* au-dessous de la mamelle *droite*[1]. » *(Sic)*.

L'archevêque de Paris lui refusa les prières de l'église ; c'était son droit, mais on ne peut s'empêcher de remarquer que ce prélat scrupuleux était le cardinal de Retz, casuiste à la manche large, et qui savait fort bien cacher un poignard entre les pages de son bréviaire.

Tous ces souvenirs de la Fronde ont certainement contribué à faire naître chez Louis XIV l'aversion qu'il marqua toujours pour Paris[2]. Désormais, la royauté se fait une existence indépendante de celle de la capitale; situation à laquelle répond exactement l'expression bien connue : « La Cour et la Ville ».

1. *Mémoires*, de Conrart, collection Petitot, 2e série, XLVIII, p. 173-174.

2. Certes Colbert ne négligea rien pour lutter contre ces sentiments du roi; ni les conseils, ni les reproches, ceux du moins qu'il pouvait se permettre ne furent épargnés. — Voyez à ce sujet: *Lettres, instructions et mémoires de Colbert*, publ. par P. Clément, t. V, p. XXXVI et 268.

Alors, le palais des Tuileries n'a plus d'autre chef visible qu'un gouverneur, et, à l'exception de certains appartements destinés à recevoir le roi dans ses rares visites à Paris, tout y est occupé par des personnes de tous les états; le Louvre, où logent quelques artistes, quelques gens de lettres, est envahi par une foule de gens sans aveu qui gîtent dans les baraques dressées pour les constructions, au beau milieu de la cour, et qu'on a négligé d'abattre[1]; tandis que des banqueroutiers, des « contraints par corps » vont s'installer, sans gêne, dans les logements qu'ils trouvent vides. La vieille demeure royale n'est-elle point un inviolable asile ![2] comme l'enclos du Temple ou l'enclos de Saint-Jean-de-Latran.

Avec tous ses hôtes bizarres et disparates, le Louvre ne gardait quelque

1. On peut voir, sur le plan dit de Turgot (1734-1739) l'encombrement dont elles obstruaient la cour.

2. Sur le droit d'asile, voyez un bien intéressant travail de M. Charles de Beaurepaire (*Bibl. de l'École des Chartes*, 3e série, t. IV, p. 352).

prestige que par la présence des Académies, que successivement le roi avait fini par y loger, les unes après les autres, à commencer par l'*Académie française*, dont c'était le droit en sa qualité d'aînée.

La mort du chancelier Séguier, qui s'en était fait le protecteur après Richelieu, et qui la logeait dans son hôtel de la rue de Grenelle[1], l'avait, au mois de janvier 1672, pour ainsi dire laissée sans feu ni asile. Le Roi, à la prière de Colbert, la recueillit et, à défaut du splendide logis que Richelieu avait rêvé pour elle[2], lui accorda, au rez-de-chaussée du Louvre, les salles qui, après la Fronde, avaient été celles du Conseil, et qui

1. Réunie à la rue J.-J.-Rousseau, par arrêté préfectoral du 2 avril 1868. — L'Hôtel du chancelier Séguier devint, vers la fin du XVIIe siècle, l'Hôtel des Fermiers généraux, leur bureau central, l'Hôtel des Fermes, enfin, et sous ce dernier nom il existait encore il n'y a pas bien longtemps, puisqu'il n'a été démoli qu'au moment de l'ouverture de la rue du Louvre, vers 1885. Il est aujourd'hui représenté par le n° 15 de cette rue, qui a emporté une partie de la rue J.-J.-Rousseau.

2. Voir, sur les projets du Cardinal : *la Chronique des rues*, 1re série, p. 197. (Chez Sevin et Rey.)

sont aujourd'hui représentées, dans le Musée de la sculpture moderne, par les salles de Coustou et de Puget.

Celle-ci, la plus vaste, servait pour les séances publiques.

La première de ces séances eut lieu le 12 janvier 1673, et il y accourut « une foule de monde et de très beau monde », selon Ch. Perrault. Au reste, il ne s'agissait de rien moins que d'une triple réception : Fléchier succédait à Godeau[1]; Racine à La Mothe Le Vayer[2]; l'abbé Gallois à Bourzeys[3].

L'*Académie des Inscriptions et des mé-*

1. — 34e FAUTEUIL. — Godeau. — Fléchier (1673). — Nesmond (1710). — Amelot (1727). — Maréchal de Belle-Isle (1749). — Trublet (1761). — Saint-Lambert (1770). — Maret (1803). — Lainé (1816). — Dupaty (1836). — A. de Musset (1852). — De Laprade (1858). — F. Coppée (1884).

2. 4e FAUTEUIL. — Méziriac. — La Mothe Le Vayer (1639). — Racine (1672). — Valincourt (1699). — Lériget de La Faye (1730). — Crébillon (1731). — Voisenon (1762). — Boisgelin (1776). — Dureau de la Malle (1804). — Picard (1807). — Arnault (1829). — E. Scribe (1834). — O. Feuillet (1862). — Pierre Loti (1891).

3. 35e FAUTEUIL. — De Bourzeys. — L'abbé Gallois (1673). — Mongin (1688). — De La Ville (1746). — Suard (1774). — Roger (1817). — Patin (1842). — G. Boissier (1876).

dailles, la « Petite Académie », comme on disait alors, vint la seconde loger au Louvre. Elle y occupait dans le Musée des sculptures modernes la *salle Coysevox*; — la salle de Houdon lui servait pour le dépôt de ses antiques.

Au premier étage, l'*Académie des Sciences* disposait de quatre pièces. La première est représentée aujourd'hui par la *salle Henri II* (emplacement de la chapelle haute de Charles V dans le vieux Louvre); elle servait pour les séances solennelles: c'est là où elle reçut la visite du tzar Pierre-le-Grand, celle de l'empereur Joseph II. Une seconde salle: la *salle des Bijoux antiques*, contenait les modèles des machines approuvées par l'Académie et les académiciens y tenaient leurs séances particulières. Enfin, dans la salle actuelle des sept cheminées, formée, comme on sait déjà, de la réunion de plusieurs pièces et de deux étages [1], se trouvaient la Bibliothèque et

1. J'ai dit que là se trouvaient la chambre à coucher du Roi et la chambre de parade, sous les Valois et sous

la salle où étaient exposés les squelettes des grands animaux.

L'*Académie d'Architecture* n'avait eu tout d'abord rien à envier des riches appartements de l'Académie des sciences. C'est dans ceux de la Reine-Mère, au rez-de-chaussée de l'aile du Sud[1], qu'on l'avait établie en 1692 ; mais elle dut déménager sous Louis XV pour aller loger fort étroitement au rez-de-chaussée de l'aile du nord[2].

Quant à l'*Académie de Peinture,* on l'avait installée, dès 1656, au rez-de-chaussée de la Grande Galerie, dans l'appartement qu'avait occupé Sarrazin[3]; mais elle n'y resta guère. En 1661, le Roi, qui veut une place plus ample pour son imprimerie, la déloge et l'envoie au

les premiers Bourbons; mais ces appartements étaient loin d'avoir l'élévation de la salle que nous voyons, qui était coupée par un second étage. C'est dans celui-ci, depuis longtemps détruit, qu'habitait le cardinal de Mazarin.

1. V. ci-dessus, p. 23 et 45.

2. Salle de Chaudet.

3. Jacques Sarrazin, mort en 1660; on lui doit notamment les célèbres cariatides du Louvre.

palais Brion, dépendance du Palais-Royal[1].

Elle y demeura trente et un ans et ne revint au Louvre qu'en 1692; mais ce fut cette fois pour un siècle entier, et avec toutes ses aises. Elle y disposa au premier étage : du salon rond, des salles du pavillon d'angle, du salon carré[2], voire de la grande galerie, où eut lieu l'Exposition de peinture de 1699.

Ce n'est pas qu'elles fussent absolument nouvelles ces expositions de peintures. Dès le milieu du XVIIe siècle, le jour de la Fête-Dieu, la foule prenait le chemin de la place Dauphine, où, le long des maisons encore tendues de tapisseries anciennes et ornées de branches vertes, les *jeunes* peintres exposaient, pendant une heure ou deux seulement, les meilleures toiles de leur atelier. Un peu plus tard, en 1667, 1669, 1671 et

1. Le palais Brion, dont j'aurai à parler quand je m'occuperai du Palais-Royal, occupait l'emplacement de la maison qui porte aujourd'hui le n° 8 sur la rue de Richelieu, et le sol de la rue de Montpensier.

2. Actuellement salle IV des peintures.

1673, elles eurent pour cadre la cour du « Palais Brion[1] ».

Au Louvre, l'espace manquant moins, les Expositions de l'Académie de peinture se développèrent, et, de 1753 à 1795, se renouvelèrent tous les deux ans. Le marquis de Villette a fait allusion à ce régime bisannuel dans ces jolis vers sur l'Exposition de 1777 :

Il est au Louvre un galetas,
Où dans un calme solitaire,
Les chauves-souris et les rats
Viennent tenir leur cour plénière;
C'est là qu'Apollon sur leurs pas,
Des beaux-arts ouvrant la carrière,
Tous les deux ans tient ses états,
Et vient placer son sanctuaire.

Le « galetas », dont parle un peu dédaigneusement le marquis, était le *grand salon;* l'Exposition de peinture en fit « le salon » par excellence, et c'est le nom qu'elle-même a conservé.

1. Emplacement du Théâtre-Français, dans la partie la plus rapprochée de la rue de Montpensier. — Voy. sur les « Salons » anciens la charmante préface dont M. J.-J. Guiffrey a enrichi la *Collection des livrets des anciennes expositions depuis 1673 jusqu'en 1800.* — Paris, 1869, 4 vol in-12.

Chaque fois, la foule s'y portait plus pressée. Le *Salon* était devenu une chose à la mode et, pendant tout un mois que durait alors l'Exposition des tableaux, les Parisiens s'y écrasaient.

L'entrée se trouvait à l'endroit où nous voyons aujourd'hui le porche muré du pavillon Daru. On y accédait par la *rue Froidmanteau* et la *place du Louvre*, place assez irrégulière, formée d'un côté par des dépendances et des communs sans caractère architectural [1], et de l'autre côté par la façade du pavillon central du Louvre [2] surmonté de son dôme d'ardoises.

En ce temps-là, et pour bien longtemps, tout un quartier séparait le Louvre des Tuileries, pauvres palais changés en auberges, où chacun logeait à cheval ou à pied. Trois rues parallèles le traversaient perpendiculairement à la Seine. Toutes les trois prenaient à la rue Saint-

1. A peu près sur l'emplacement du square où se dresse maintenant la statue de La Fayette.

2. Aujourd'hui pavillon Sully.

Honoré et aboutissaient à une rue : la *rue des Orties* ou *Saint-Nicolas*, longeant la façade septentrionale de la grande galerie.

La première de ces rues, de l'est à l'ouest, était la rue *Froidmanteau;* la seconde, la rue *Saint-Thomas-du-Louvre;* la troisième, la rue *Saint-Nicaise.*

La rue Froidmanteau[1] avait son extré-

1. « Je n'ai pu découvrir l'étymologie de ce nom, qui n'a varié que dans la prononciation ou l'orthographe. En 1290, on lit *vicus de Frementel* et *de Frigido Mantello;* en 1313 jusqu'à présent, on a dit *Froit-Mantel, Froid-Manteau, Froit-Mantyau, Frémanteau* et *Fromenteau*; ces deux derniers sont les plus usités dans les actes et sur les plans de Paris. (Jaillot, *Recherches sur Paris, quart. du Louvre*, p. 20). » — Le Bibliophile Jacob dit qu'elle dut « certainement son nom à une comique allusion aux ordonnances de Saint-Louis, qui dépouillaient de leur manteau et de leur peliçon les femmes convaincues de ribauderies; celles qui habitaient cette rue étaient donc naturellement privées de manteau : de là leur surnom de *dames de Froidmantel* (*Curiosités du Vieux Paris*, Paris, 1858, in-18, p. 137). — Il est certain, quoi qu'il en soit de cette étymologie, que cette voie était plutôt mal habitée au XVIIIe siècle. C'est dans un de ses bouges que logeait cette Églée, rencontrée par Beugnot à la Conciergerie, au moment où ses protestations royalistes la faisaient envoyer à l'échafaud. C'est encore rue Froidmanteau que demeurait Aliette, qui, par anagramme, se faisait appeler Etteila, le plus fameux devin du XVIIIe siècle,

mité sur la rue Saint-Honoré, vis-à-vis de l'aile orientale du Palais-Royal, entre la cour d'honneur et la rue de Valois. Elle débouchait vers l'endroit où s'ouvre le guichet Visconti.

La rue Saint-Thomas-du-Louvre, partant exactement d'un point placé en face de l'entrée de la cour d'honneur du Palais-Royal, coupait les bâtiments occupés aujourd'hui par le ministère des Finances, le sol des parterres du Louvre entre les pavillons *Richelieu* et *Denon*, et venait aboutir au quai, vis-à-vis notre rue *Bonaparte* entre les *cours Visconti* et *Caulaincourt*, au droit du *Port Saint-Nicolas*.

La rue Saint-Thomas-du-Louvre devait son nom à une église collégiale [1] située

que toute la Cour allait consulter. La réputation du prophète faisait passer sur la saleté du logis.

1. Saint-Thomas-du-Louvre fut fondée par Robert de Dreux, frère de Louis VII, vers 1180. On reconstruisait l'édifice, qui menaçait ruine depuis longtemps, lorsqu'il s'écroula le 15 octobre 1739, causant la mort de plusieurs personnes. On le reconstruisit de 1740 à 1744, sous le titre de Saint-Louis-du-Louvre. Cette église fut affectée pendant la Révolution au culte protestant, puis démolie à

sur le sol de la cour Caulaincourt; le port Saint-Nicolas, le « port de Paris » par excellence, affecté à la navigation internationale, évoque le souvenir oublié d'une autre église collégiale: *Saint-Nicolas-du-Louvre*, dont la cour Visconti occupe l'emplacement[1].

Sans vouloir m'arrêter trop longtemps à la rue Saint-Thomas-du-Louvre, je rappellerai que l'*Hôtel de Rambouillet*[2] y avait sa grand'porte, s'ouvrant à peu près où se trouve le pavillon Richelieu, et que Molière y habitait, dans une maison appartenant au maréchal de camp Millet[3], lorsqu'il fut atteint de la terrible maladie de poitrine, qui faillit l'emporter

moitié. Ces ruines fraîches, qui ne manquaient pas d'élégance, n'ont complètement disparu qu'au moment des travaux du Louvre actuel, vers 1855.

1. Fondée au commencement du XIIIe siècle, supprimée en 1740, démolie avant la Révolution.

2. Sur l'hôtel de Rambouillet, voy. A. Berty, *Hist. générale de Paris, région du Louvre et des Tuileries*, t. Ier, p. 105 et s.; — Ch. Livet, *Précieux et Précieuses*, p. 7. — Émile Colombey, *Ruelles, Salons et Cabarets*, t. Ier, p. 19 et s.

3. Cette maison était située sur une partie du parterre qui se trouve derrière le monument Gambetta.

et qui amena la fermeture de son théâtre, du 27 décembre 1665 jusqu'au 21 février 1666.

La troisième rue, la rue Saint-Nicaise, débouchait sur la rue Saint-Honoré à la hauteur du n° 159, et, sur le quai, à l'endroit où s'ouvre le guichet central que surmonte ce haut bas-relief en bronze, œuvre de Mercié, qui a la prétention de représenter le « Génie des Arts ».

Cette rue, de beaucoup la cadette des précédentes, puisqu'elle n'avait été ouverte que vers 1616, sur l'emplacement du chemin de ronde de l'ancien rempart de Charles V, devait son nom[1] à une chapelle *Saint-Nicaise*, chapelle de l'infirmerie de l'*Hospice des Quinze-Vingts*, qui se trouvait un peu à l'ouest du guichet de Rohan.

Suivant quelques écrivains, la fondation de cette chapelle remonterait au VIIe siècle, mais seulement à l'année 1108, selon d'autres. Qu'importe, en réalité ?

1. On l'appela d'abord *rue du Rempart*, puis *rue du Fossé-Mademoiselle*.

elle a été démolie vers 1779, et discuter à ce propos, serait loisir de mandarins. Quant aux *Quinze-Vingts*, « lostel des Quinze-Vingts aveugles », comme écrit Guillebert de Metz, ils occupaient un assez vaste emplacement limité au nord par la rue Saint-Honoré ; à l'ouest, par la rue Saint-Nicaise; au sud, par une ligne prolongeant la façade méridionale du pavillon Turgot; à l'est, par une autre ligne qui, partant du n° 155[1] de la rue Saint-Honoré, viendrait aboutir entre les pavillons Richelieu et Turgot[2].

Vers le milieu de la rue Saint-Nicaise, sur le côté occidental, et à peu près au droit de l'arc-de-triomphe du Carrousel,

1. Siège social de la compagnie des Omnibus.

2. Saint Louis aurait fondé cet établissement, pour y donner asile à trois cents gentilshommes français auxquels les infidèles avaient crevé les yeux pendant la croisade d'Égypte. — Voy. l'*Hist. des Quinze-Vingts*, par M. L. Le Grand (*Mémoires de la Société de l'Hist. de Paris*), t XIII et XIV. — Par lettres-patentes de décembre 1779, le transport de l'hôpital fut autorisé dans l'hôtel des Mousquetaires de la deuxième compagnie, rue de Charenton, où il est encore actuellement. — Sur cette opération, voy. un curieux article de M. Henri Carré, dans le *Monde moderne*, février 1895, p. 235-245.

se trouvait la *place du Carrousel*, petite, étroite, étriquée, s'élargissant d'une façon imprécise du côté du château des Tuileries, que précédaient trois cours, dont le *square des Tuileries* occupe aujourd'hui l'emplacement : la *cour Royale*, devant le pavillon central ; la *cour des Princes*, du côté du pavillon de Flore ; la *cour des Suisses*, du côté du pavillon de Marsan. — De celle-ci, après avoir contourné la « Grande Écurie » qui occupait et la partie septentrionale du square des Tuileries, et le sol de la rue de Rivoli jusqu'à la *place des Pyramides*, on accédait à la rue Saint-Honoré par *la rue de l'Échelle*, modifiée quant à ses alignements, mais intacte, quant à sa direction au moins entre les rues de Rivoli et Saint-Honoré [1].

1. J'ai insisté sur ce point, plus qu'il n'aurait convenu peut-être, parce que j'aurai à m'y reporter quand il s'agira de parler de la fuite à Varennes. — La rue de l'Échelle doit son nom à l'*Échelle de la Justice* des évêques de Paris qui y était remisée. — Au XVIIe siècle, à l'angle de cette rue et de la rue Saint-Honoré, existait la « Fontaine

Telle était à peu près, dans ses grandes lignes, l'état du Louvre et des Tuileries, de la région intermédiaire entre les deux palais, à la mort de Louis XIV, le 1er septembre 1715.

Aussitôt la nouvelle s'en répandit dans ce Paris qu'il n'aimait guère, et qui le lui rendait bien. On sentit comme s'évanouissant un long esclavage. Le peuple parisien dansa, chanta, alluma des feux de joie par la ville, de sorte que M. d'Argenson, lieutenant de police, qui avait fait d'inutiles efforts pour s'opposer à ce « torrent d'impiété », déclara qu'il ne répondait de rien, si le cortège funèbre du Roi de France traversait Paris, sa capitale.

Et la royale dépouille, sortant silencieusement du palais de Versailles, vers sept heures du soir, dut traverser le bois de Boulogne, gagner la plaine Saint-

du Diable », ainsi nommée parce qu'elle fut longtemps sans donner d'eau. C'est de là que vient le dicton : *Se laver à la fontaine du Diable,* ce qui signifie ne pas se laver du tout.

Denis par des chemins détournés, pour entrer dans la vieille basilique de Dagobert, où il allait prendre, sur le premier degré de l'escalier des tombeaux, la place que son prédécesseur, étonné sans doute d'une si longue attente, y tenait depuis soixante et treize ans.

Le même jour, l'enfant qui était déjà Louis XV, héritier du trône par la mort de son aïeul : le Grand Dauphin, et de son père : le duc de Bourgogne, était conduit à Vincennes, où il devait séjourner en attendant que le vieux palais de Catherine de Médicis et de Henri IV fût en état de recevoir sa majesté.

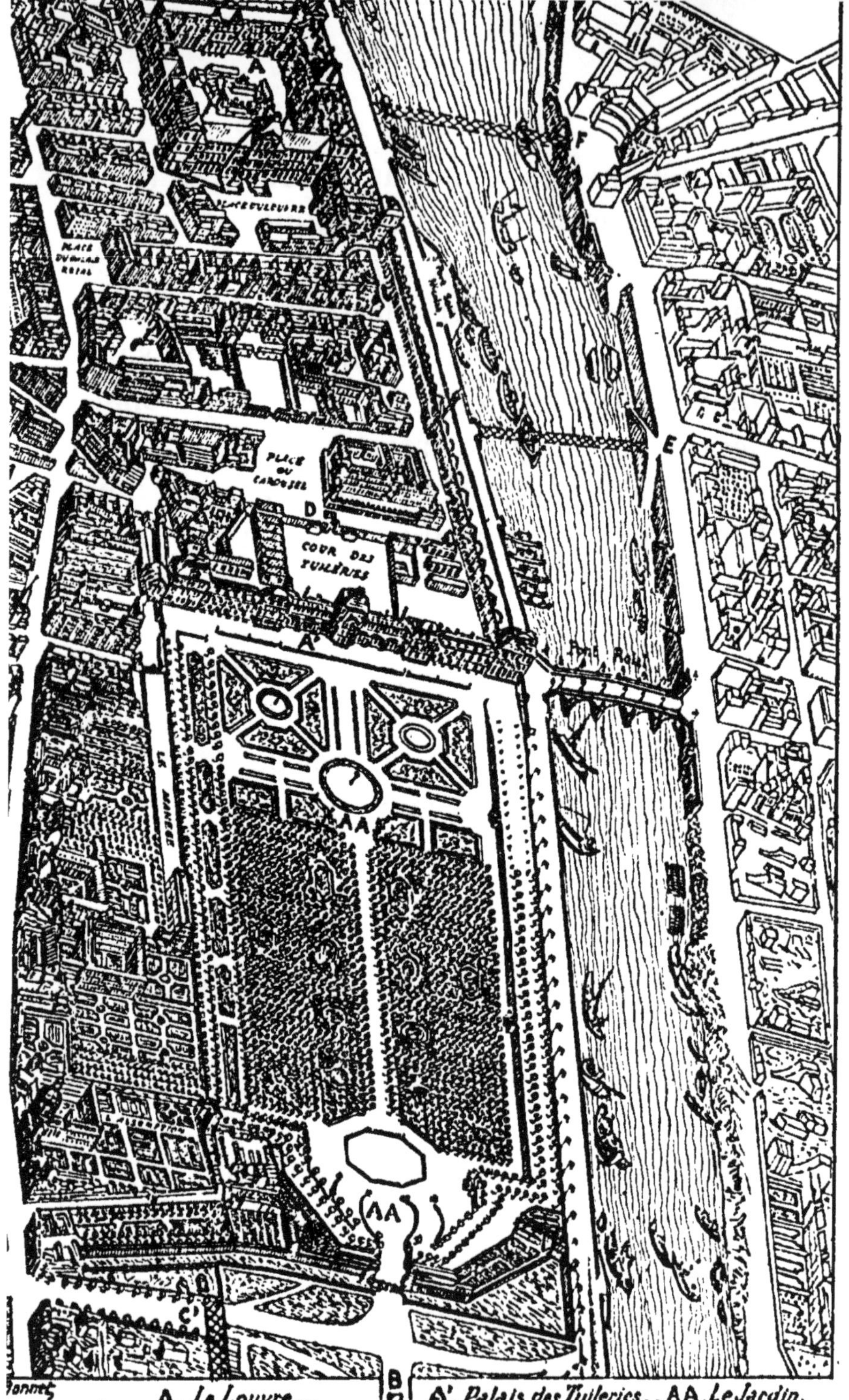

A. Le Louvre. — A'. Palais des Tuileries. — AA. Le Jardin.
xxxx Emplacement actuel : B. de l'Obélisque ; — C.C' de la rue de Rivoli ; — D ▭ de l'Arc de
...mphe du Carrousel. E. du pont des Sts Pères ; — F. du pont des Arts.

LE LOUVRE ET LES TUILERIES

Vers la fin du XVIIIe siècle.

V

En ramenant à Paris, le 30 décembre 1715, le petit roi Louis XV, le Régent rendit à la grande ville le rang dont l'avait privée durant soixante ans la volonté toute puissante de Louis XIV. Singulière ironie! ce fut aux Tuileries que se tint le fameux lit de justice qui abattit les prétentions des bâtards du *Roi-Soleil* et de Mme de Montespan, et qui humilia l'orgueil envahissant du Parlement de Paris (1717).

On sait que cette grosse affaire des princes légitimes coïncida avec la visite du tzar Pierre-le-Grand.

Le tzar, en arrivant à Paris, était descendu au Louvre, où l'attendait l'appartement de la reine, tout meublé et tout éclairé; mais il l'avait trouvé trop somptueux, et était remonté aussitôt en carrosse, demandant un autre logis. Alors on l'avait reconduit à l'hôtel de Lesdiguières[1], rue de la Cerisaie, qui appartenait à François de Neufville, duc de Villeroy. La faveur de Mme de Maintenon l'avait improvisé maréchal de France, et le testament de Louis XIV, institué gouverneur du jeune roi. En cette qualité, il habitait aux Tuileries; il pouvait donc disposer de son hôtel; pris à l'improviste par la fantaisie du tzar, on le choisit.

Pierre-le-Grand n'accommoda point encore sa rudesse au luxe des appartements de l'hôtel. Il fit tirer d'un fourgon son lit que l'on dut dresser dans une pièce assez chétive de l'étage supérieur. Et

1. Construit au commencement du XVIIe siècle pour Sébastien Zamet, avec une splendeur digne de l'art florentin et de l'immense fortune de ce financier. Après la mort de Zamet, on le vendit, en 1614, au connétable de Lesdiguières, qui lui laissa son nom. Il passa ensuite aux mains de Bonne de Créquy de Lesdiguières, puis, comme on le verra tout à l'heure, à celles du duc de Villeroy. L'hôtel, dont il ne restait plus qu'un grand corps de logis, a complètement disparu en 1877, lors de l'ouverture du boulevard Henri IV.

voilà comment une inscription commémorative, placée sur la façade de la maison portant le n° 10 de la rue de la Cerisaie, construite sur partie de l'emplacement de l'hôtel de Lesdiguières, rappelle le séjour à Paris du tzar, admirateur de Richelieu.

Quatre ans plus tard, de nouveaux visiteurs arrivèrent aux Tuileries (mai 1721) : l'ambassade envoyée par le sultan Achmet II, et qui fit sensation à Paris [1].

Puis, le vieux palais rentra dans l'ombre; après un séjour de six ans et demi, Louis XV l'avait quitté pour Versailles, le 15 juin 1722. Le Louvre, lui aussi, va perdre bientôt, en avril 1725, le dernier de ses hôtes royaux : Marie-Anne-Victoire d'Espagne, depuis reine de Portugal.

En mars 1722, fiancée au petit roi Louis XV, l'Infante avait fait son entrée

1. Le Musée Carnavalet possède une belle toile de Parrocel représentant l'entrée de l'ambassade aux Tuileries (salle XX).

solennelle[1]. Reine par destination, elle en était encore à jouer à la poupée; les cadeaux échangés entre les deux fiancés ne furent que des joujoux[2]. — « Le soir du 6 may, dit le jeune menin, à qui l'on doit le *Journal de l'enfance de Louis XV*, j'allay porter un lapin à l'Infante, qui me fit voir un petit Dauphin, homme de cire qui lui servoit de poupée[3]. » — Le Roi lui avait donné une poupée que l'on disait avoir coûté vingt mille livres[4]. » Tout devait ainsi se passer en hochets entre le petit roi et sa fiancée en sevrage. Elle partit de Paris, laissant pour tout souvenir de son séjour au Louvre dans les anciens appartements de la Reine-Mère, et de ses promenades dans le parterre qui le pré-

1. Voy. *Journal de Marais* (Revue rétrospective, 30 nov. 1836, p. 170-172).

2. E. Fournier, *Enigmes des rues de Paris*, 1860, p. 87. L'Infante, âgée de quatre ans seulement, avait été amenée à Paris, disait-on, pour être élevée au milieu de la Cour où elle devait régner.

3. E. et J. de Goncourt, *Portraits intimes du* XVIIIe *siècle*, 2e série, Paris, 1858, in-18, p. 146-147.

4. *Journal* de Barbier, 1857, in-12, t. Ier, p. 198.

cède, le nom que ce parterre a gardé; c'est depuis elle qu'on l'a nommé, comme il l'est encore aujourd'hui, *jardin de l'Infante.*

L'Infante s'était fort ennuyée au Louvre. « Quoique très raisonnable, dit encore l'auteur du *Journal de l'enfance de Louis XV,* elle avoit pourtant une idée outrée des beautés de son pays, car elle me pria de dire à M. le maréchal de Villeroy que la Seine que nous voyons du balustre de l'Infante, étoit beaucoup moins belle et grosse que le Mançanarez[1]. »

Faisons la part des exagérations de l'ennui, aussi celle du patriotisme, mais convenons de bonne foi que le Louvre n'avait quasi plus apparence de palais. Il n'y avait pas un rapin qui ne se fût arrogé le droit d'y avoir un atelier, pas un valet de cour qui n'y eût introduit sa famille.

Pour multiplier les logements, on avait

1. E. et J. de Goncourt, *Portraits intimes du* XVIII*e siècle,* 2e série, p. 138.

entresolé presque toutes les grandes salles, on les avait coupé de deux ou trois cloisons; dans l'épaisseur des murs on avait ouvert des cages d'escaliers; des gaines de cheminée; de tous côtés et à tous les étages des tuyaux de poèle vomissaient la suie et la fumée. C'était, en somme, une grande hôtellerie où chacun faisait son lit à sa façon et travaillait pour soi.

Avec le temps, la situation ne fit que s'aggraver; tant et si bien que, sous le ministère du cardinal de Fleury, désespérant de ne pouvoir rien faire pour l'achèvement du Louvre, abandonné, renié, ruiné, on proposa tout simplement de l'abattre et faire argent des débris et du terrain [1].

Le Louvre ne fut pas démoli, mais ne valut guère mieux. Les toitures manquaient presque partout; remises et écuries étaient ce qui manquait le moins.

1. Cf. *L'ombre du Grand Colbert, le Louvre et la ville de Paris, dialogue* (par La Font de Saint-Yenne), La Haye, 1749, in-12, p. 153 et s.

« La Reine n'habitait pas au Louvre, mais elle y logeait ses chevaux. Où? dans une partie des appartements qu'elle-même aurait dû occuper, ceux d'Anne d'Autriche. Le jardin de l'Infante servait de cour aux palfreniers[1]. » Auprès, dans cette autre moitié de l'aile du sud que Levau avait construite, à la place où sont aujourd'hui les salles de la sculpture de la Renaissance et du Moyen-Age, le duc de Nevers avait sa petite écurie; le reste du jardin lui servait de basse-cour. M. de Champlot, gouverneur du Louvre, et M. de Tessé, grand écuyer de la Reine, avaient installé leurs carrosses et leurs chevaux dans la grande salle des moulages. Et le vestibule qui fait face à la rue de Marengo servait de remise à cinq voitures, et d'écurie à quatorze chevaux.

Ce n'était pas tout. « Pour aider à cette dégradation intérieure, on avait adossé

1. Ed. Fournier, *le Louvre et ses environs* (dans *Paris à travers les âges*), p. 68.

aux façades extérieures, et plus particulièrement au soubassement de la Colonnade, les établissements les mieux faits pour ronger un monument par sa base[1]. »

Ainsi, dans l'ancien hôtel de Longueville, démoli seulement en partie[2], on avait transporté la poste aux chevaux et les relais du royaume. « Les chevaux avaient leurs mangeoires contre le mur de la Colonnade, et les poutres du hangar qui les couvrait étaient scellées dans le mur[3]. » Et sur les ruines du Petit-Bourbon s'élevaient des appentis en bois qui pouvaient à chaque instant prendre feu.

Enfin cet état de choses souleva des murmures de l'opinion publique. On cria au scandale. Les gazettes se permirent des doléances, et de nombreux écrits, mordants et indignés, sommèrent le pouvoir de chasser *les vendeurs du temple*, de défendre contre les intempéries ce

1. L. Vitet, *Le Louvre*, Paris, 1852, in-8°, p. 66.
2. Voy. ci-dessus, p. 65.
3. L. Vitet, ouvrage cité, p. 67.

Louvre qui, aux yeux des Parisiens, était toujours une habitation royale, bien qu'il fût déserté par la royauté.

Au milieu de cette émotion, M. de Marigny devint *surintendant général des bâtiments du roi, arts et manufactures de France*[1]. Le Roi accepta qu'il entreprît la restauration du Louvre, et le 16 février 1755 les travaux furent inaugurés aux applaudissements du public.

Gabriel, qui par ses façades de la place Louis XV (notre place de la Concorde), prenait alors dans son art un rang que Soufflot seul devait lui disputer plus tard, dirigeait ces travaux. Mais, à chaque instant, les fonds manquaient; il fallait s'arrêter, et il n'y avait point d'exagération dans cette épigramme où l'on faisait

1. Abel-François Poisson était le frère de Mme de Pompadour. Il échangea son nom de roturier d'abord pour le titre de comte de Vandière, que le peuple prononçait *d'Avant-Hier;* puis pour celui de Marigny qui lui resta, et sous lequel il fut encore chansonné :

Noble! mais comment! et par où?
Ne sait-on pas que sa noblese
Est l'ouvrage d'un *bijou?*

dire au Roi de Danemark[1], venu à Paris en 1768 :

> J'ai vu le Louvre et son enceinte immense,
> Vaste palais qui, depuis deux cents ans,
> Toujours s'achève et toujours se commence.
> Deux ouvriers, manœuvres fainéants,
> Hâtent très lentement ces riches bâtiments,
> Et sont payés quand on y pense.

En réalité, Gabriel ne passa au Louvre que pour réparer, à la hâte, les dégâts amenés par le temps, dans des bâtiments qu'il laissa découverts, comme il les avait trouvés ; et pour restaurer, tant bien que mal, la Colonnade atteinte déjà, dans toutes ses parties, par la décomposition rapide des armatures métalliques, la rupture des plates-bandes, la désagrégation des clavaux[2].

Et le long règne de Louis XV se serait évanoui sans laisser de traces importantes au Louvre ou dans ses alentours, si Ga-

1. Christian VI (1749-1808).

2. Gabriel avait fait encore un autre travail, il avait restauré et non construit, comme on l'a dit souvent, le troisième ordre adossé à la Colonnade de Perrault. Voy. à ce sujet Blondel, *Architecture française*, Paris, 1756, in-f°, t. IV, p. 1-71.

briel ne se fût efforcé de dégager le vieux palais, si M. de Marigny de son côté n'en eût rendu plus faciles les abords.

Le Louvre trouva de l'air et respira. On démolit les derniers bâtiments du Petit-Bourbon, qui servaient au *Garde-Meuble*[1], puis l'Hôtel de Longueville[2]; et pour la première fois apparut, déga-

1. Voy. *Chronique des rues* (1re série), Sevin et Rey, éditeurs, p. 149.

2. Les *Postes* décampèrent de l'Hôtel de Longueville pour aller occuper l'*Hôtel d'Armenonville*, compris aujourd'hui en partie dans le périmètre de l'*Hôtel des Postes*, et dans celui de l'*Hôtel des Téléphones*. — L'Hôtel d'Armenonville n'était autre que l'ancien Hôtel d'Épernon, construit par le favori de Henri III, Jean-Louis de Nogaret de la Valette, duc d'Épernon, sur une partie d'un ancien *Hôtel de Flandre*, confisqué sur Charles-Quint et vendu par François Ier en 1543.

Bernard, second duc d'Épernon, fils de Jean-Louis, vendit, avant 1661, son hôtel à l'intendant des finances Barthélemy Hervart. La Fontaine y reçut asile en 1693 et y mourut en 1695. — Les héritiers d'Hervart vendirent l'hôtel au garde des sceaux Fleuriau d'Armenonville, et Louis XV l'acheta 550,000 livres le 1er mars 1757 pour y établir les Postes. — Est-il besoin de dire qu'il n'en reste plus rien? — L'Hôtel des Postes actuel a été construit en 1887, sur les plans de Guadet; l'Hôtel des Téléphones, entre 1891 et 1893, sur les dessins de Boussard; et celui-ci est bien certainement un des monuments du Paris moderne les plus intéressants au point de vue architectural.

gée de ces bâtisses enfin balayées, la Colonnade de Perrault, debout déjà depuis un siècle, mais que les Parisiens ne connaissaient pas.

En même temps, M. de Marigny déblayait la cour du Louvre de toutes les masures qui l'encombraient, s'efforçait aussi de débarrasser le palais non seulement de cette population qui bivouaquait, mais encore de celle qui était installée dans les appartements mêmes.

De ce côté, la résistance fut vive. « Il y eût des grands seigneurs qu'on ne pût faire déloger; il y eût quelques artistes qui ne voulurent pas déguerpir; et, par exemple, il fut impossible de débusquer Vanloo de la Galerie d'Apollon, où il avait établi son atelier et même son logis[1]. »

M. de Marigny a fait encore autre chose : on lui doit, ou plutôt on lui devait : le *guichet Marigny*, donnant enfin la communication tant désirée par les Parisiens du XVIIIe siècle, entre le quai et

1. L. Vitet, *Le Louvre*, Paris, 1852, in-8°, p. 69.

les alentours du Louvre et des Tuileries, dont la place du Carrousel et le square Gambetta occupent l'emplacement.

Avant qu'il fût surintendant des bâtiments du roi, dans toute la longueur de la Grande Galerie, c'est-à-dire depuis la galerie des Antiques (*Louvre*) jusqu'au pavillon de Flore (*Tuileries*), il n'y avait que trois guichets, servant aux voitures aussi bien qu'aux piétons, et, malgré cela, aussi peu larges qu'une simple porte cochère. Le premier, le guichet Saint-Nicolas, s'ouvrait tout près de l'endroit où la Grande Galerie vient se rattacher au Louvre; il faisait suite à la rue Froidmanteau[1]. Le second mettait la rue Saint-Thomas-du-Louvre en communication avec le quai, un peu en amont du *Pont du Carrousel* ou *des Saints-Pères*[2]; le troisième s'ouvrait à peu près sur l'emplacement des « grands guichets » actuels, vers le *pavillon de Lesdiguières*[3].

1. Voy. ci-dessus, p. 87.
2. Construit de 1832 à 1834. — Voy. ci-dessus, p. 88.
3. Sur l'origine de cette dénomination, voy. Ed. Four-

Hors ces trois guichets, la place Louis XV (*place de la Concorde*), n'ayant point encore le pont de la Concorde pour issue[1], il fallait prendre, pour aller de la rue Saint-Honoré au faubourg Saint-Germain, la rue de l'Arbre-Sec qui conduisait au Pont-Neuf.

Le peu de largeur de ces trois passages les rendaient aussi dangereux qu'insuffisants.

Un jour, le carrosse de M. de Lauraguais, s'étant engagé dans l'un d'eux, se trouva en face d'un autre carrosse venant en sens inverse. Cochers de s'injurier, nul ne voulant reculer. — « Hé! comment se fait-il, cria tout à coup une voix vinaigrée, que M. de Lauraguais, qui est si poli pour les dames, ne me cède pas le pavé? — Vive Dieu! Madame, exclama M. de Lauraguais en voyant un vieux visage de douairière, vous n'aviez qu'à

nier, *Énigmes des rues de Paris*, Paris, 1860, in-16, p. 24 et suiv.

1. Commencé en 1787, achevé en 1790, avec des pierres provenant de la démolition de la Bastille.

vous montrer; moi, mon cocher, mes chevaux, nous eussions reculé jusqu'à la rivière [1].

Enfin, en 1759, comme je l'ai dit, M. de Marigny établit le passage tant désiré, et même il fit plus, au lieu d'un seul guichet, il en ouvrit trois : l'un pour les piétons, les deux autres pour les voitures.

En même temps, on rendit aux piétons l'entrée dans la cour du Louvre par la colonnade, et on leur pratiquait une voie de sortie sur le quai, en dégageant la porte latérale, bouchée jusque-là par le jardin de l'Infante [2].

Du côté du Louvre, les communications ne manquaient donc plus. En allait-il de même du côté du jardin des Tuileries? Nullement.

Et, d'ailleurs, rien ne ressemblait moins à ce jardin que le jardin actuel, au moins quant aux abords.

1. Dugas du Bois-Saint-Just, *Paris, Versailles et les provinces au* XVIIIe *siècle*, Paris, 1809, in-8°, t. Ier, p. 89.
2. Ed. Fournier, *Paris démoli*, 2e édit., Paris, 1883, in-16, p. 119.

Imaginez un long mur, assez haut, longeant la terrasse des Feuillants dans toute son étendue et tenant la place de la grille que l'on voit aujourd'hui. L'espace, occupé de nos jours par la rue de Rivoli, « était une large allée gazonnée, plantée d'arbres par endroits, servant de *carrière,* c'est-à-dire de champ d'entraînement et d'essai pour les chevaux, et limitée, à la hauteur du pavillon de Marsan, par un groupe de constructions sans style qu'on appelait LA GRANDE ECURIE du Roi, et dont l'entrée était sur la rue Saint-Honoré, presque vis-à-vis l'église Saint-Roch » [1]. A l'extrémité occidentale de cette « carrière » (de la rue de Castiglione jusqu'à la hauteur du n° 226 de la rue de Rivoli) se trouvait le *Manège des Tuileries* [2], bordant une

1. G. Lenotre, *Paris-Révolutionnaire*, Paris, 1895, in-8°, p. 53.

2. Annexé à la *Grande Écurie,* l'ancienne « escurie » de Catherine de Médicis (emplacement de la place de Rivoli et des n°s 192 et 190 de la rue du même nom), le *Manège* avait été construit vers 1568. Il va sans dire que plusieurs fois on le remania. Quoi qu'il en fût, c'était, à

partie du jardin des Feuillants [1], mitoyen aux dépendances de l'Hôtel de Noailles [2].

A l'ouest du « Manège », les cellules des capucins surplombaient de leurs quatre étages la terrasse de Le Nôtre « et ne contribuaient pas, à beaucoup près, à l'embellir, sauf quelques rideaux de capucines, qu'en raison sans doute de l'affinité du nom, les bons Pères cultivaient comme une fleur de famille et qu'ils faisaient grimper avec soin à l'entour de

la fin du XVIIIe siècle, une des trois ou quatre « académies d'équitation » fondées par le Roi et placées sous la direction du Grand Écuyer de France, pour l'éducation des jeunes gentilshommes. *L'État ou Tableau de Paris en 1762* nous apprend que le Manège des Tuileries était alors dirigé par l'écuyer du roi Dugard. La pension ne s'élevait pas à moins de 3 ou 4 mille livres. C'était, en somme, une éducation spéciale qu'on y recevait et fort coûteuse. Elle périclita quand le roi eut établi la gratuité dans l'École militaire de Grenelle. Le Manège était inoccupé en 1789.

1. Le jardin des Feuillants s'étendait entre les arcades de la rue de Rivoli et la rue du Mont-Thabor.

2. La rue d'Alger a été ouverte sur l'emplacement de l'hôtel de Noailles, dont il reste toute une aile au n° 219 de la rue Saint-Honoré. Cet hôtel s'étendait sur la rue de Rivoli, entre les n°s 210 et 218.

leurs petites fenêtres » [1]. Puis, c'était le *Couvent des Religieuses de l'Assomption*, s'étendant jusqu'à la rue de Mondovi et jouxtant l'hôtel bâti en 1767 par Chalgrin pour le ministre Phelipeaux, duc de La Vrillière, comte de Saint-Florentin [2].

On accédait difficilement au royal jardin par trois issues.

La première s'ouvrait du côté de l'église Saint-Roch, par la petite *rue du Dauphin* [3]; la deuxième, le passage des Feuillants se glissait, sur l'emplacement actuel de la *rue de Castiglione*, entre le couvent qui était son parrain et les capucins; la dernière, c'était le *Pont-Tournant* dont j'ai parlé.

La rue du Dauphin était fermée la nuit par une grille placée du côté des Tuileries; c'est pourquoi elle passa longtemps pour un cul-de-sac. Elle ne porta

1. *Mémorial* de Norvins, t. Ier, p. 198.

2. Rue Saint-Florentin, nº 2; aujourd'hui habité par le baron Alphonse de Rothschild.

3. Un arrêté préfectoral du 16 août 1879 a réuni la *rue du Dauphin* à la *rue Saint-Roch*. C'est la partie comprise entre la rue Saint-Honoré et la rue de Rivoli.

le nom, qu'elle a gardé jusqu'en 1879, que depuis 1744, et voici à quelle occasion il lui fut donné, à la place de celui de *cul-de-sac Saint-Vincent* qu'elle portait auparavant. Louis XV, à son retour de Metz, s'arrêta quelques temps aux Tuileries et le Dauphin [1] prit l'habitude de suivre la rue ou le cul-de-sac Saint-Vincent, lorsqu'il allait entendre la messe à Saint-Roch. Un jour, on profita, dit le *Dictionnaire des rues de Paris,* par Félix et Louis Lazare [2], des instants que le prince employait à la prière pour enlever l'inscription de rue Saint-Vincent et lui substituer celle de *rue du Dauphin.*

Le « passage des Feuillants » devait aussi à une dévotion princière non pas seulement son nom, mais son existence même. C'est pour que Louis XV, encore

1. Premier fils de Louis XV et de Marie Leczinska, né le 4 sept. 1729, mort le 19 déc. 1765. De son deuxième mariage, avec Marie-Josèphe de Saxe, naquirent notamment Louis XVI, Louis XVIII et Charles X. Il avait épousé en premières noces Marie-Thérèse d'Espagne, morte le 22 juillet 1746.

2. Édition de 1844.

enfant, pendant la Régence, pût aller entendre la messe à la chapelle du couvent, qu'on l'avait percé. Du temps de Piron, qui passait la plus grande partie de ses journées aux Tuileries, un aveugle s'était établi dans ce passage, portant au cou une pancarte sur laquelle s'étalaient des vers de sa composition. On ne s'arrêtait guère pour les lire, ou bien on en riait, et l'on passait sans rien jeter dans la sébile. Un jour, une bonne âme lui fit l'aumône d'un conseil : — « Effacez vos vers, et quand M. Piron, un grand poète passera, demandez-lui qu'il vous en compose de sa façon. Vous vous en trouverez bien. » Piron passant, l'aveugle averti par le donneur d'avis présenta au poète sa petite supplique. — « Très volontiers, *confrère,* dit Piron, qui plus d'une fois avait lorgné les rimes du pauvre homme; je tâcherai de faire de mon mieux, sois en bien sûr. Il fit deux ou trois tours d'allée, comme à l'ordinaire, s'assit un instant pour griffonner ces six vers, qu'il porta tout joyeux à l'aveugle :

Chrétien, au nom du Tout-Puissant,
Faites-moi l'aumône en passant.
Le malheureux qui la demande
Ne verra point qui la fera!
Mais Dieu, qui voit tout, le verra :
Je le prierai qu'il vous le rende.

Le jardin des Tuileries était alors, et depuis longtemps, le jardin, la *promenade* à la mode. La « grande allée », au temps de La Bruyère, était déjà le rendez-vous des « petits-maîtres » [1]. Pendant la Régence[2] et le règne de Louis XV, ce fut encore celui du « grand monde », quoique chacun eut la liberté d'y entrer, sauf, dit le Hollandais Nemeitz, « les laquais et la canaille [3]. Une seule excep-

1. Édition des Grands écrivains, t. Ier, p. 275, 276, 285.

2. *Journal de Barbier,* juillet 1721, t. Ier, p. 136 de l'édition Charpentier.

3. « Un dessin quelque peu caricatural, signé Boitard et daté de 1741, conservé dans l'album du voyageur à la bibliothèque de Stockholm, nous montre « *The* beau monde *in the* Tuileries. Les dames en paniers y donnent le poing à des gentilshommes coiffés de cette longue perruque bouclée que, trente ans plus tard, Voltaire était à

tion était faite annuellement à cette règle : le 24 août au soir, les suisses et les invalides qui gardaient le jardin avaient ordre d'y laisser pénétrer la foule sans distinction de costume. « Un vaste amphithéâtre était adossé au pavillon central du palais et de nombreux musiciens, entourés d'un triple cercle de lampions, y prenaient place au milieu d'une multitude immense. Le lendemain, même tolérance à l'égard de la populace; c'était une façon démocratique de célébrer la Saint-Louis [1].

A ces détails, Néméitz ajoute en note quelques particularités. Depuis que le jeune roy (Louis XV) avoit pris sa résidence au palais, près de ce jardin, ceux de la ville y ménageoient leurs promenades ; mais aujourd'hui ces promenades ont repris leur première vogue, depuis que Sa Majesté, ayant atteint son âge

peu près le seul à porter. » (*Les Promenades à la mode*. Collection des chefs-d'œuvre inconnus, publiés (par P. Lacroix et M. Tourneux, *avertissement*, p. IV.)

1. Tisserand, *le Palais des Tuileries* (dans *Paris à travers les âges*), p. 44.

majeur, s'est retournée à Versailles, où elle fait aujourd'hui sa résidence ordinaire[1].

Cependant, en 1753, le Prévôt des marchands, c'était alors messire Louis-Basile de Bernage, ayant fait assez bien accommoder les boulevards, sabler les contre-allées, placer des bancs de pierre et prescrit l'arrosage de la chaussée[2], les Tuileries perdirent un peu de leur vogue, ou, plutôt, de leur popularité[3]. Ce fut, jusqu'à la Révolution, le rendez-vous par excellence de la société bourgeoise, le matin, à midi, où tout le monde vérifiait la marche de sa montre sur l'horloge du château[4] et le soir

1. *Séjour à Paris,...* par J. C. Nemeitz, Leyde, 1727, pet. in-8°, p. 158.

2. Barbier, juin 1753.

3. Je dois faire observer que l'arrosage n'en fut pas la cause, car le premier tonneau-arrosoir que l'on vit à Paris, en 1750, rafraîchit précisément les allées des Tuileries. Il était traîné par quatre hommes, et cette nouveauté excita une telle admiration que Gabriel Saint-Aubin s'empressa de lui consacrer un beau dessin qui a été reproduit notamment dans le *Magasin pittoresque* (XVI° année, p. 381).

4. Aujourd'hui au musée Carnavalet.

de cinq à huit en attendant le souper.

Et l'on causait, et l'on babillait, par groupes, réunis par la tyrannie de l'habitude, se voyant, se quittant aux mêmes heures, jusqu'aux premiers froids. Mais bientôt le jardin reprenait son aspect habituel, dès que le « marronnier du 20 mars, poussait ses premiers bourgeons ».

Le marronnier du 20 mars [1] ne doit pas sa célébrité, comme on l'a souvent dit, à la floraison prématurée qu'il étala le jour du retour de l'île d'Elbe. La date, qui est accolée à son nom depuis si longtemps, est celle de sa plantation, événement qui eut lieu en 1733.

On raconte que le célèbre peintre Joseph Vien dut la vie à sa précocité. Accusé d'un meurtre commis dans l'île Saint-Louis, il invoqua un alibi, assurant qu'à l'heure du crime il se trouvait aux Tuileries, avec une dame. Dans la poche

1. Il est situé à droite de l'allée du milieu, quand on se dirige vers la Concorde, à l'angle sud-est du parterre où se trouvent les statues d'*Hippomène* (par Lepautre) et d'*Atalante* (par G. Coustou). J'aurai à revenir sur ce parterre et sur celui qui lui fait pendant.

de son habit, on trouva, en effet, une fleur de marronnier, et comme le marronnier du 20 mars était alors seul en fleurs, l'alibi aurait été suffisamment prouvé [1]. — Il n'en serait plus ainsi, car le marronnier des Tuileries est souvent devancé par d'autres arbres de même espèce, ceux de la place du Théâtre-Français, par exemple.

Quoi qu'il en soit, longtemps il donna le signal; et dès ses premières feuilles, on commençait de replacer les chaises [2] le long de la Grande Allée; aussi aux alentours de cet autre arbre légendaire :

1. L'anecdote me paraît de pure invention. Le meurtre dont il est question aurait été commis le 20 mars 1746. Or, dans la notice historique de la vie et les ouvrages de J. Vien, écrite par Joachim Le Breton et insérée dans le *Magasin encyclopédique*, 1809, t. VI, on dit que cet artiste partit pour Rome en décembre 1744, y resta cinq ans et ne revint à Paris qu'en 1750. Comment aurait-il pu se trouver en 1746 sous le célèbre marronnier?

2. « Ce fut seulement en 1760 que Bontemps, gouverneur des Tuileries, eut l'idée d'affermer au profit de sa maîtresse, la demoiselle Allard (de l'Opéra), la location de quelques milliers de chaises, qui rapportèrent bientôt treize à quatorze mille livres par an. » (Maurice Tourneux : *Les Promenades à la mode*, Paris, 1888, petit in-8°, Avertissement, p. IV-V).

l'*Arbre de Cracovie*[1], dont l'ombrage abritait Métra et les « Nouvellistes ».

Parfois quelque événement venait faire sortir tout ce petit monde de sa quiétude coutumière. Ainsi, Mlle de Romans, en habit de gala, et portant dans une corbeille noyée de dentelles le joli poupon qu'elle devait à Louis XV, quand elle venait s'asseoir sous les grands arbres, fière de l'amour du Roi, fière d'avoir mis au monde un enfant quasi-royal. Un jour que la foule affluait au-

1. Par rapprochement avec le verbe *craquer* (mentir). « Avoir ses lettres de Cracovie », c'était avoir un brevet de mensonge; on les expédiait aux hâbleurs. L'*Arbre de Cracovie* des Tuileries avait recueilli la succession de son frère du Palais-Royal, disparu pour faire place à la galerie de Valois (1784). C'est celui qui, en 1742, fournit à Pannard le titre d'un opéra-comique; c'est encore de lui dont il est question au VII° chant de la *Henriade travestie*, où il est parlé des milliers de nouvellistes :

> Déguenillés et mourant de faim,
> De ses hâbleurs passant leur vie,
> Dessous l'arbre de Cracovie.

— Il en fut un autre au Luxembourg. En 1678, les faiseurs de nouvelles y péroraient déjà; et c'est surtout cet « Arbre de Cracovie » qu'a visé Hauteroche dans sa comédie des *Nouvellistes*. — Voy. sur ceux-ci : Ed. Fournier, *Variétés historiques et littéraires*, t. VIII, p. 261-270.

tour d'elle! — « Ah! mesdames et messieurs, s'écria-t-elle, laissez respirer l'enfant du Roi! » Et elle fit de sa maternité un si pompeux étalage, que Louis XV, ennuyé de lui voir ainsi promener son bâtard, le lui enleva et la renvoya, elle, dans sa province. Ce n'est pas tout d'avoir péché, il faut encore savoir être modeste [1]!

Il n'y avait pas toujours d'aussi friand morceau. Alors on faisait signe à ce Polonais, dont le talent consistait à faire à la vue, avec le secours des ciseaux et un petit carré de papier noir, des silhouettes très ressemblantes [2]. Entre temps, on comptait les dernières mésaventures du *Chevalier tape-cul* [3], et les dames étouf-

1. *La Comtesse Du Barry*. Paris, A. Estampes, 1878, in-12.

2. *Mémoires du général Thiébault*, t. Ier, p. 141.

3. « Ce vieux fou avait la manie de donner une petite tape à chacune des dames et des demoiselles à côté desquelles il passait. Cette impertinente habitude ou plutôt le contact instantané qui en résultait était, à ce qu'il paraît, sa dernière volupté! » *(Mém. du général Thiébault*, t. Ier, p. 142.)

faient alors leurs rires derrière les éventails soudainement développés.

Il ne faut pas croire d'ailleurs que le jardin des Tuileries fût, à cette époque, une promenade où régnait la chasteté. Les filles y étaient nombreuses pour y

> ... Convoquer soir et matin
> L'Amour, et le riant cortège
> Des jeux qu'il conduit par la main [1]; ...

C'était encore chaque jour et chaque soir, le théâtre de délits et d'outrages d'une autre nature ; ce qu'on appelait alors le *beau vice* y avait son quartier général, son canton, son marché [2].

J'ajouterai, sans m'arrêter davantage à parler des *gitonx* du XVIIIe siècle, que les terrasses des Tuileries étaient inabordables et répandaient au loin une

1. *Complainte des Filles auxquelles on vient d'interdire l'entrée des Thuilleries, à la brune.* (Bibl. de la Ville de Paris, in-8°, n° 1.588.

2. Voy. *Le Château des Tuileries, ou Récit de ce qui s'est passé dans l'intérieur de ce palais, depuis sa fondation jusqu'au 18 brumaire de l'an VIII.* Paris, Lerouge, 2 vol. in-8°, — et R. Warée, *Curiosités judiciaires, historiques, anecdotiques.* Paris, 1859, in-12, p. 435.

odeur révoltante. A l'abri de haies d'ifs, délicate prévenance de Le Nôtre, une multitude de gens se succédaient sans relâche, trouvant avec peine une place pour poser les pieds. Le comte d'Angeviller, directeur général des bâtiments du Roi, fit abattre les ifs et établir en cet endroit des latrines dont l'entrée coûtait deux sous[1]. Qui le croirait aujourd'hui, qu'on s'est habitué à considérer le Paris de nos pères ainsi qu'un décor d'opéra-comique ? Cette mesure fut très sévèrement jugée.

1. Voy. Mercier, *Tableau de Paris*, t. VII, p. 134, et t. XI, p. 34. — Prudhomme, *Miroir de Paris*, 3e édit., 1807, t. II, p. 67-68.

VI

Au lendemain de la charge de cavalerie que le prince de Lambesc *esquissa* dans le jardin des Tuileries, du côté du « Pont tournant »[1], les habitués de la promenade se firent plus rares, cédant la place aux politiciens.

Puis, un jour, le 6 octobre 1789, à dix heures du soir, la famille royale rentra dans le vieux château; et ce jour-là, M. Mique, architecte-inspecteur des

1. Sur cette « affaire des Tuileries », singulièrement exagérée, voy. Pierre Baudin et Raoul Cadières, *Les grandes journées populaires*, t. Ier, p. 361-362. — En dispersant, brutalement un rassemblement, qu'il jugeait séditieux, Lambesc obéissait à sa consigne, à l'ordre qu'il avait reçu. Une autre faute, un crime, pèse sur sa mémoire. Pendant vingt-cinq ans, il n'a pas cessé de porter les armes contre la France, ce qui lui valut la pairie en 1814. Mais Louis XVIII comprit si bien l'étrangeté de cette nomination que le prince de Lambesc fut inscrit sous le titre de duc d'Elbeuf sur la liste des pairs de France.

Tuileries, pensa perdre la tête, tant il lui fallut déployer d'activité pour, en un après-midi, mettre le palais à peu près en état de recevoir le *boulanger,* la *boulangère* et le *petit mitron*[1].

Aux fenêtres de quelques pièces ornées de ces meubles jamais dérangés, qui, dans les propriétés de l'Etat semblent attendre que le temps les détruise, on trouvait encore les petites vitres plombées du XVIe siècle; tout y était à peu près inhabitable, sauf le petit appartement du rez-de-chaussée du pavillon de Flore, où la reine, en arrivant de Versailles, venait rajuster sa toilette et procéder à ses déguisements pendant la saison des bals masqués[2]. Ce fut dans cet appartement que le Dauphin passa la première nuit; Mme de Tourzel, gouvernante des Enfants de France, coucha auprès de lui sur un canapé.

1. Voy. sur le retour de la Cour aux Tuileries : G. Lenoire, *Paris-Révolutionnaire*, Paris, 1895, in-8°, p. 53-64.

2. Touchard-Lafosse, *Chroniques de l'Œil-de-Bœuf*, t. 8, p. 309-10; — d'Hézecques, *Souvenirs d'un page de la Cour de Louis XVI*, Paris, 1873, in-12, p. 317-318.

Dès le lendemain, on demanda au roi et à la reine de désigner leurs appartements, ceux de leur famille et de leurs serviteurs. Louis XVI répondit tout d'abord : « Que chacun se loge comme il pourra! » Mais ce premier mouvement de mauvaise humeur passé, il visita lui-même le château avec la reine; et tous deux marquèrent les logements, ordonnèrent les changements et les réparations à faire[1].

Louis XVI prit au rez-de-chaussée sur le jardin, entre le pavillon de l'Horloge et le pavillon de Flore, trois pièces dont il fit son cabinet de travail, son atelier de serrurerie, ses archives. Sa chambre à coucher était au premier étage, précisément au-dessus de ces deux dernières pièces; à côté du lit, une porte s'ouvrait sur un étroit couloir boisé. La reine se logea également au rez-de-chaussée et

1. *Le Château des Tuileries*, etc., par J. A. R. D. E., t. Ier, p. 51. — Sans parler des troupes, on ne comptait pas moins de 677 personnes aux Tuileries, pendant le séjour du roi.

sur le jardin, entre les trois pièces dont je viens de parler et le pavillon de Flore. La chambre de Madame Royale et celle du Dauphin suivaient, au premier étage, la chambre du roi[1].

Pendant ce temps, on démeublait Versailles au profit des Tuileries, et ce ne fut plusieurs jours durant qu'un convoi de voitures chargées de l'immense mobilier entassé dans ce château depuis trois règnes.

Puis, et tandis que l'Assemblée nationale s'installait au Manège[2], la Cour

1. Sur la disposition des appartements de la famille royale aux Tuileries, voy. G. Lenôtre, *Paris-Révolutionnaire*, p. 58 et s.. Il est impossible de mieux dire des choses plus exactes, et il m'eût fallu tout emprunter à mon confrère et ami si, les Tuileries n'étant plus, la description détaillée des intérieurs, ne sortait pas du cadre que je me suis résolument fixé.

2. Voy. ci-dessus, p. 110. — Le 19 octobre, l'Assemblée, ne voulant pas se séparer du roi, vint s'établir à Paris, et tint sa première séance dans une des salles de l'archevêché. Cette salle étroite, incommode, de difficile accès, dût être bientôt abandonnée, à cause des inquiétudes qu'inspirait son peu de solidité. On pressa les travaux d'appropriation du manège, et, le lundi 9 novembre, l'Assemblée y siégea. — De cette salle que rappelle une plaque commémorative apposée sur le pilastre de la grille

s'habitua insensiblement au séjour des Tuileries. On était d'accord, ou du moins on paraissait l'être, et Madame Élisabeth écrivait à cette époque à Mme de Bombelles : « Nous sommes bien ici, tout y est tranquille, beaucoup d'ordre, de soin de la part de la milice, enfin, tout est pour le mieux ».

La reine se promenait assez souvent le matin dans le jardin des Tuileries ; elle recevait la Cour deux fois par semaine, avant de se rendre à la messe, et dînait ces jours-là en public avec le roi. M. de Champcenetz, père du Champcenetz qui fut un des principaux rédacteurs des *Actes des Apôtres*, était gouverneur des Tuileries ; chaque matin, Jacques, le vacher suisse de Mme Élisabeth, apportait à sa maîtresse du lait et

du jardin des Tuileries qui fait face au numéro 230 de la rue de Rivoli, il subsiste la grande porte d'entrée. Achetée par M. d'Epinay d'Arlet, propriétaire du château du Val, dans la forêt de Saint-Germain, quand le manège fut détruit pour le percement de la rue de Rivoli, toutes ses pierres, numérotées avec soin, furent transportées dans cette propriété, et on la reconstruisit à l'entrée du potager : elle y est encore.

de la crème de sa campagne de Montreuil, et le Dauphin, sous l'œil vigilant de Mme de Tourzel, prenait ses ébats dans l'ancienne pépinière du jardin, disposée en jardin particulier [1].

En vérité, la captivité des Tuileries, puisqu'il est convenu qu'il y a captivité depuis les journées d'octobre, est douce à cette famille royale qui couve sa rancune, ne rêve que trahison.

Le jeudi saint (1er avril 1790), suivant un usage datant, dit-on, du roi Robert, le roi et la reine lavent les pieds à douze pauvres représentant les douze apôtres, et cette cérémonie traditionnelle a lieu dans la galerie de Diane [2]. Le 8 avril, Madame Royale, âgée de douze ans, fait sa première communion à Saint-Germain-l'Auxerrois, église paroissiale des Tuileries; le 23 mai, jour de la Pentecôte, le roi, précédé de Monsieur, du duc de Chartres, du prince de Conti

1. C'est la partie qui forme aujourd'hui l'angle sud-ouest de la terrasse du bord de l'eau.
2. *Mémoires du général Thiébault*, t. Ier, p. 264.

et des chevaliers de l'Ordre du Saint Esprit, assiste dans la chapelle des Tuileries à la messe célébrée par l'évêque de Senlis, premier aumônier, commandeur de l'Ordre; le 9 juin, le roi fixe à vingt-cinq millions le chiffre de sa liste civile, et le 13 juin, ces malheureux prisonniers vont s'installer pour quelque temps au château de Saint-Cloud, où Louis XVI se fait le professeur de billard de la jeune Pauline de Tourzel.

Le roi, la reine viennent de temps en temps aux Tuileries. Ils y sont par exemple le 12 juillet, l'avant-veille de la fête de la Fédération, et ce jour-là une pluie abondante ayant empêché la revue des Fédérés que le roi devait passer aux Champs-Elysées, les Gardes nationales défilèrent sous le vestibule des Tuileries, devant le petit-fils de Louis XIV et la fille de Marie-Thérèse[1].

Le roi n'a pour ainsi dire pas interrompu ses chasses; la reine va au théâ-

1. *Le Château des Tuileries*, etc., par J. A. R. D. E. t. Ier, p. 65.

tre; il y a encore présentation à la Cour au mois d'octobre[1]; et cependant, au milieu de ce calme, entourés de témoignages de confiance et d'affection, Louis XVI et Marie-Antoinette conspirent.

Le 23 octobre, M. d'Agoult, évêque de Pamiers, est envoyé secrètement auprès de M. de Bouillé, à Metz, pour s'entendre avec lui au sujet de la fuite de la famille royale; quelques temps après, le 26 décembre, le comte Louis de Bouillé est reçu par le roi aux Tuileries, y reçoit ses instructions, et quand il quitte Paris, le 8 janvier 1791, après de longs entretiens avec M. de Fersen[2], le départ du roi est décidé, tout est arrêté, convenu.

Alors des bruits alarmants commencent de circuler dans Paris; le peuple se désaffectionne. On affiche au Palais-

1. 8 octobre, présentation de la comtesse du Bois de la Motte.

2. M. de Fersen demeurait au coin de la rue de Matignon, faubourg Saint-Honoré.

Royal des placards ainsi conçus : VINGT-CINQ MILLIONS A GAGNER DANS UN BREF DÉLAI, ce que tout le monde traduit ainsi : *Supprimez la liste civile ou le roi lui-même;* dans toutes les rues on chante :

Madame Véto avait promis
De faire égorger tout Paris...

dans tous les spectacles le « *Ça ira* », entonné sur un air favori de Marie-Antoinette : le *Carillon national*, qu'elle jouait souvent sur son clavecin.

D'ailleurs les événements se précipitent. Le 19 février, Madame Adélaïde et Madame Victoire, tantes du roi, hôtes très intermittentes du pavillon de Marsan, partent pour l'émigration, favorisées dans leur fuite par le dévouement de Berthier, plus tard prince de Wagram; le 21, le bruit se répand du départ de *Monsieur*, comte de Provence, et le peuple se porte au Luxembourg; le 28 enfin, c'est la *journée des Chevaliers du poignard*.

En cette circonstance, le comte d'Hervilly, l'ancien colonel de Rohan-Soubise, chargé par la Cour, en 1788, de prendre au corps sur leurs sièges fleurdelisés les conseillers du Parlement de Bretagne, le comte d'Hervilly jouait les « Favras »[1]. De quoi s'agissait-il? toujours de l'enlèvement du roi, complice hypocrite tout prêt à se laisser faire, comme à tout désavouer en cas d'insuccès.

Le projet de d'Hervilly était des plus simples. Il fallait attirer l'attention de La Fayette et la présence de la garde nationale sur un point éloigné des Tui-

1. Le marquis de Favras, *convaincu* de haute trahison par le Châtelet de Paris, fut condamné à mort et pendu en place de Grève, le soir même, à huit heures, à la lueur des flambeaux. Avant le procès, le président Augrand d'Alleray donna sa démission, et le rapporteur, M. de Roissy, fit au *coupable* ce singulier aveu : « Monsieur, votre mort est nécessaire à la tranquillité publique. » — Favras habitait place Royale (notre place des Vosges), n° 4. — Le dossier de Favras faisait partie des procédures instruites au Châtelet pour crime de lèse-nation. Il a entièrement disparu. M. Tuetey (*Répertoire général des sources manuscrites de l'histoire de Paris pendant la Révolution*, t. Ier, p. 175) a publié l'inventaire des pièces dressé par le greffier Drié et remis par lui, en dernier lieu, au greffe de la chambre du conseil. On y trouvera des indications précieuses.

leries, puis, avec le concours de cinq ou six cents gentilshommes dévoués ou coupe-jarrets enrôlés, faire sortir du château la famille royale et gagner la Normandie.

En conséquence, une troupe de douze ou quinze cents crève-la-faim se transporta à Vincennes le 28 février, et commença de démolir le donjon, sous prétexte que cette relique du despotisme n'avait pas le droit de rester debout, quand sa sœur la Bastille était rasée.

Sur les deux heures de l'après-midi, on en avait déjà fini avec les parapets, lorsqu'on s'avisa enfin de battre la générale. La Fayette d'accourir avec des détachements de gardes nationaux.

Pendant ce temps, le château des Tuileries, sans qu'on sût comment, s'était rempli de gens inconnus ; ces gens, tous armés de cannes à épée et de poignards uniformes[1], étaient entrés à l'insu de la garde nationale, par une porte

1. Prudhomme a donné un dessin de cette arme dans le numéro 88 des *Révolutions de Paris*.

qu'avait ouverte M. de Villequier, premier gentilhomme de la chambre.

L'audacieux coup de main allait peut-être réussir, « quand tout à coup la grille du quai s'ouvrit, et le général La Fayette, trempé de sueur, couvert de boue, se précipita au grand galop dans la cour des Princes[1] ». Il avait été informé que l'échauffourée de Vincennes n'était qu'une ruse imaginée pour le tenir éloigné des Tuileries, et mettre à profit son absence. Quelques instants plus tard, les « chevaliers du poignard » étaient désarmés, saisis au collet, « conduits ou plutôt poussés et traînés jusqu'à la porte de la cour des Princes, donnant sur le quai. Là, ils furent libérés et durent se féliciter d'en être quittes pour si peu[2] ».

Le roi fit semblant de tout ignorer, désapprouva fort le *zèle indiscret* de ces gentilshommes qui, au dire de M. de

1. Moreau de Jonnès, *Aventures de guerre au temps de la République et du Consulat*, Paris, 1858, in-8, t. Ier, p. 25.

2. *Ibid.*, *ibid.*, p. 29.

Villequier, inquiets de l'événement de Vincennes, s'étaient en hâte rendus aux Tuileries dans le seul but de le défendre en cas de besoin; et déclara qu'il se croyait en pleine sûreté au milieu de la garde nationale.

Convient-il de s'étonner après cela que les Parisiens se soient opposés, le 18 avril, au départ de la famille royale pour Saint-Cloud? La suspicion était au moins légitime. Mme Élisabeth, qui habitait le premier étage du pavillon de Flore, Mme Élisabeth, « cette douce fille de Dieu, égarée sur les marches d'un trône » qui ne craignait pas d'écrire : « *Je regarde la guerre civile* comme nécessaire »[1]; Mme Élisabeth pressait beaucoup le roi de prendre un parti; elle trouvait la vie aux Tuileries *insoutenable*[2]. Et le 18 avril, M. de Fersen écrivait à M. de Taube : « On fait le dessin

1. E. et J. de Goncourt, *Histoire de Marie-Antoinette*, p. 323.

2. Feuillet de Conches, *Louis XVI, Marie-Antoinette et Madame Élisabeth*, Paris, 1864, in-8, t. II, p. 68 et s.

de ma voiture, et j'espère vous l'envoyer sous peu. Le roi paraît vouloir effectuer son évasion dans les derniers jours de mai[1] ».

La mort de Mirabeau (2 avril)[2] affermit encore Louis XVI dans sa résolution. C'est à ce moment qu'il fit pratiquer, dans le mur du petit couloir s'ouvrant à côté de son lit, une cachette fermée par une porte de fer, dissimulée par un panneau de la boiserie. Ce fut dans cette cachette, si fameuse depuis sous le nom de l'*armoire de fer*, qu'il déposa les papiers qu'il ne voulait pas emporter dans sa fuite[3].

L'armoire de fer fut achevée le 22 mai

1. *Correspondance du comte de Fersen*, t. Ier, p. 103.

2. Mirabeau est mort dans un petit hôtel qu'a remplacé le n° 42 de la rue de la Chaussée-d'Antin.

3. Les documents enfermés dans cette armoire, dit un historien légitimiste, « se rattachaient pour la plupart aux tentatives de la famille royale pour ressaisir son autorité ; ils établissaient les rapports de Louis XVI avec le comte d'Artois, les dépenses faites par la liste civile pour séduire et corrompre des députés, les opérations de haute et petite police à l'aide desquelles on avait cru neutraliser ou pousser en avant la Révolution française ». (Amédée Gabourd, *Histoire de la Révolution et de l'Empire* ; Paris, 1847, t. III, p. 131).

par Gamain, le compagnon-serrurier du roi, qui, le 19 novembre 1792, en révéla l'existence à Roland, alors ministre de l'intérieur.

Gamain croyait avoir été empoisonné par Louis XVI et Marie-Antoinette, au moyen d'un verre de vin et d'une brioche saturés de sublimé corrosif, qu'ils lui avaient offerts le soir du même jour où il eut terminé sa tâche.

Il est indiscutable que Gamain ne fit plus que traîner une existence maladive, de courte durée, d'ailleurs, puisqu'il mourut à Versailles, le 19 floréal an 3 (8 mai 1795)[1].

Et s'il convient de se garder d'accepter aveuglément toutes les légendes populaires sur les crimes supposés des princes, il ne faut pas davantage, par réaction, épouser un scepticisme systématique.

Dans la situation périlleuse où il se trouvait alors, Louis XVI a pu juger

1. Voy. Combes, *Épisodes et Curiosités révolutionnaires*, Paris, 1876, in-12, p. 166 et suiv.

l'empoisonnement de ce serrurier comme justifié par la raison d'Etat. La vie de Gamain pouvait-elle être comparée à la sécurité du roi de France, surtout au salut de la monarchie? Favras avait été pendu; d'Hervilly eut payé de sa tête l'échauffourée de la « journée des Chevaliers du poignard », si on avait ouvert une procédure contre lui; Gamain a été empoisonné [1].

La bonté de Louis XVI, c'est une légende! Un matin, pendant sa promenade, il arrive à la petite porte des Feuillants. « Une jeune dame débouchait de cette porte; elle était précédée d'un joli épagneul, qui se trouvait déjà près du roi. Dès qu'elle reconnut celui-ci, elle se hâta de rappeler son chien en s'inclinant profondément; de suite le chien se retourna pour accourir vers sa maîtresse. Mais Louis XVI, qui tenait à

1. Voy. P. Lacroix (bibliophile Jacob) : *Évocation d'un fait ténébreux de la Révolution française*, Paris, 1838, in-8°, p. 51; — Combes, *Épisodes et Curiosités révolutionnaires*, p. 173; — *L'Intermédiaire des chercheurs et curieux*, t. III, XX et XXIII.

la main un jonc énorme, lui cassa les reins d'un coup de gourdin. Et pendant que des cris échappaient à la dame, pendant qu'elle fondait en larmes et que la pauvre bête expirait, le roi continua sa promenade, enchanté de ce qu'il venait de faire, se dandinant un peu plus que de coutume et riant comme le plus gros paysan aurait pu le faire[1] ».

Louis XVI était bien décidément « le pauvre homme » que Marie-Antoinette avait qualifié dans un jour d'amère franchise ; et tel il est pendant la fuite de Varennes, alors qu'il n'est plus que *Durand*, intendant de la baronne de Korff, une russe, une amie de M. de Fersen qui, à tort ou à raison, passe pour être l'amant de la reine[2].

En fait, c'est Fersen qui dirige tout le projet de cette évasion, qui surveille les différents préparatifs, qui fait cons-

1. *Mémoires du général Thiébault*, t. Ier, p. 265-266.
2. Mme de Korff habitait l'hôtel de Parabère, quai des Quatre-Nations, aujourd'hui quai Malaquais, n° 5.

truire la voiture de voyage[1], qui se charge de faire sortir la famille royale des Tuileries.

La fuite de Varennes, on le sait, est depuis longtemps préméditée, résolue ; le 9 juin 1791, le duc de Choiseul est envoyé à Paris par le général de Bouillé, pour s'assurer des dernières dispositions du roi. Le départ est fixé au 12 juin, puis remis au 19, sur la demande de M. de Bouillé qui veut donner aux Autrichiens le temps de renforcer le cordon de troupes établi dans les environs de Luxembourg, pour avoir un prétexte de rassembler à son tour les régiments du roi. Plus tard, ce départ fut encore retardé de vingt-quatre heures, à cause de la femme de chambre du Dauphin

1. La fameuse voiture fut faite par Jean Louis, sellier-carrossier, rue de la Planche. — Après le départ de M. de Fersen de Paris, on la vendit avec son mobilier, et M. de Staël, ambassadeur de Suède, l'époux de Mlle Necker, l'acheta. Ensuite on ne sait pas ce qu'elle est devenue. — La *rue de la Planche* forme aujourd'hui la partie de la rue de Varennes, comprise entre les rues du Bac et de la Chaise; la maison du carossier Jean Louis (n° 12) a disparu lors du percement du boulevard Raspail.

dont on se méfiait. Il est enfin décidé et exécuté dans la nuit du 20 au 21 juin.

A dix heures et demie du soir, Fersen, déguisé en cocher, est à la porte de la cour des Princes, conduisant une banale voiture de remise. Presque aussitôt Mme de Tourzel sortait du château avec le Dauphin, habillé en petite fille, et Madame Royale. Suivant la distribution des rôles, Mme de Tourzel était *Mme de Korff*; le Dauphin et Madame Royale, ses deux filles : *Amélie* et *Aglaé*.

Fersen les fit monter dans sa voiture, toucha ses chevaux et vint se ranger au coin de la rue de l'Echelle, exactement en face de la maison qui porte le n° 1, pour y attendre le roi et la reine qui ne devaient venir qu'à minuit.

Un peu avant cette heure, Mme Élisabeth, devenue *Rosalie*, dame de compagnie, rejoignit la voiture; le roi, de son côté, ne tarda pas à arriver ; la reine, ou plutôt *Mme Rocher*, gouvernante des enfants de Mme de Korff, se fit attendre plus d'une demi-heure.

Elle était sortie la dernière du château, au bras de M. de Maldent[1], et déjà elle se dirigeait vers le lieu du rendez-vous, quand un grand bruit de gens qui s'approchaient avec des lumières lui fit chercher un endroit sombre où l'on ne put la reconnaître. Elle se porta instinctivement vers les grands guichets[2], où, avec M. de Maldent, elle se dissimula de son mieux. On venait aussi de ce côté : c'était le général La Fayette qui était allé faire sa visite de chaque soir aux Tuileries, et qui en revenait avec son escorte de porte-flambeaux. Il était en voiture, et quand il passa de-

1. Reisset dit M. de Moustier, sans réfléchir que celui-ci avait été chargé d'aller chercher rue de Clichy la fameuse berline et de la conduire à la barrière Saint-Martin (*rotonde de la Villette*) ; d'autre part, M. de Valory avait reçu la mission de courir en avant jusqu'à Bondy pour y faire préparer les relais. Donc, des trois gardes du corps qui firent partie du « voyage de Varennes », M. de Maldent était seul auprès de la famille royale quand elle quitta les Tuileries. Il paraît qu'il accompagna d'abord le roi, et qu'il dut revenir chercher la reine.

2. Voy. ci-dessus, p. 109.

vant elle, la reine ne put résister à cette fantaisie de frapper une des roues de la petite baguette de bambou à pomme d'or, qu'elle portait à la main droite comme le voulait alors la mode.

Néanmoins cette rencontre l'avait troublée au dernier point, ainsi que son compagnon. Tous deux connaissaient mal Paris, il n'en fallut pas davantage pour qu'ils s'égarassent tout à fait dans le labyrinthe d'étroites et obscures ruelles environnantes. Il était minuit et demi quand la reine arriva, et les fugitifs ne quittèrent la barrière qu'entre deux ou trois heures du matin ; le jour commençait à poindre.

Cinq jours après, la berline royale, ce « corbillard de la monarchie », selon le mot de Fréron, pénétrait dans le jardin des Tuileries par le Pont-Tournant au milieu d'une foule immense, et s'arrêtait un peu au delà du second bassin, vers huit heures du soir[1]. Quelques instants

1. Sur la fuite de Varennes, voy. : E. Bimbenet, *la Fuite de Louis XVI à Varennes*, Paris, 1868, in-8° ; —

après, Louis XVI s'abandonnait aux soins de ses valets avec sa tranquillité ordinaire, comme s'il fut revenu d'une partie de chasse; et Marie-Antoinette, du bain où elle venait de se mettre, dictait à M. Diet, un des huissiers de sa chambre, un billet destiné à Mme Campan[1].

Le lendemain, à l'ouverture des grilles du jardin et depuis l'extrémité ouest de la terrasse des Feuillants jusqu'à son extrémité est et même jusqu'aux murs du château, on trouva tendue une petite

Ancelon, *La vérité sur la fuite de Varennes*, Paris, 1866, in-8°; — V. Fournel, *L'Événement de Varennes*, Paris, 1890, in-8°.

1. Il ne faut pas tirer de ce fait des déductions injurieuses pour la reine. Marie-Antoinette, élevée dans les sévères principes de la cour de Vienne, se baignait vêtue d'une longue robe de flanelle boutonnée jusqu'au cou. En eut-il été autrement qu'il ne conviendrait pas encore de jeter les hauts cris. Au dix-huitième siècle, les grandes dames en agissaient souvent encore avec leurs gens comme les Romaines vis-à-vis de leurs esclaves, et regardaient un serviteur comme un animal en présence duquel la plus craintive pudeur pouvait tout se permettre. — Voy. à ce sujet une curieuse anecdote sur Mme du Châtelet racontée par S.-G. Longchamp, *Mémoires sur Voltaire*, Paris, 1826, in-8°, t. II, p. 119-120.

faveur noire, à laquelle de distance en distance étaient attachées, avec de simples épingles, des bandes de papier portant : « Forêt Noire ». Pendant je ne sais combien de jours cette faveur resta là, et alors que la foule était telle sur la terrasse des Feuillants que l'on pouvait difficilement y circuler, pas une âme ne se trouva dans le reste du jardin, qui parut ainsi réservé au roi. « Cette solitude profonde semblait une condamnation anticipée et n'excitait pas moins la pitié que la terreur[1] ».

Dès lors une surveillance rigoureuse s'exerça aux Tuileries. Toutes les fausses portes furent murées. Celles qui donnaient dans la chambre du Dauphin, sans en excepter la porte de communication avec la chambre du roi, furent fermées à double tour et les officiers de service en mirent les clefs dans leurs poches. Des ramoneurs visitèrent toutes les cheminées. Lorsque la reine voulait monter de son appartement, au rez-de-

1. *Mémoires du général Thiébault*, t. Ier, p. 283.

chaussée, chez le roi, au premier étage, par l'escalier intérieur, la porte, toujours fermée, s'ouvrait comme celle d'une place forte, avec les formalités militaires [1]. Et Marie-Antoinette, contrainte de laisser ouvertes la porte de sa salle de bain et celle de sa chambre à coucher, en est peut-être à regretter que l'Assemblée nationale n'ait point adopté la formation d'une garde nationale de femmes, proposée par Olympe de Gouges, pour sa surveillance, celle de Mme Élisabeth et de Madame Royale [2].

L'acceptation de la Constitution par le roi, le 14 septembre (1791), amena une courte trève. Le 18, il y eut dans le jardin des Tuileries, une fête donnée par le roi; Louis XVI et Marie-Antoinette se rendent à l'Opéra [3], on les acclame

1. *Mémoires de Mme de Tourzel*, t. Ier, p. 348; — *Révolutions de Paris*, t. VIII, p. 587; t. IX, p. 150; — Fersen, *Correspondance*, p. 5; — *Souvenirs de quarante ans*, récit d'une dame de la Dauphine, p. 86-87.

2. *Sera-t-il roi, ne le sera-t-il pas?* par Ol. de Gouges, in-8°, S. l. n. d.

3. Emplacement du théâtre de la Porte-Saint-Martin.

sur toute la route, on les acclame aussi dans la salle; et, le 12 octobre, Mme Élisabeth écrit à son amie, Mme de Bombelles : « Le roi est en ce moment l'objet de l'adoration publique ».

Cependant, aux Tuileries, la famille royale est loin de vivre dans un accord parfait. « C'est un enfer que notre intérieur, écrit la reine, il n'y a pas moyen d'y rien dire avec les meilleures intentions du monde. Ma sœur est tellement indiscrète, entourée d'intrigants et surtout dominée par ses frères au dehors qu'il n'y a pas moyen de se parler, ou il faudrait se quereller tout le jour[1] ».

A qui Marie-Antoinette écrit-elle si confidentiellement ? au « beau Fersen », à cet ami si intime que lord Holland n'a pas craint d'avancer qu'il avait passé dans sa chambre la nuit du 5 au 6 octobre[2].

Le fait est calomnieux, dit-on; soit!

1. *Correspondance de Fersen*, t. Ier, p. 207.

2. Lord H. R. Holland, *Souvenirs diplomatiques*, Paris, 1851, in-12, p. 14, à la note.

Mais, sans vouloir même effleurer une question si essentiellement délicate, on peut dire que ce n'est peut-être pas une raison de faire à Marie-Antoinette une auréole de vertu irréprochable, parce qu'elle a eu une fin tragique.

Quoi qu'il en soit, depuis le voyage de Varennes, M. de Fersen était en correspondance avec la reine. Elle lui écrivait en chiffres; Fersen lui envoyait des feuilles imprimées sur lesquelles il avait écrit en encre sympathique [1]. Pour faire revivre cette encre et faire apparaître les caractères tracés, Marie-Antoinette présentait d'abord le papier à la flamme d'une bougie, puis le lavait avec une eau spéciale que lui fournissait un « apothicaire [2] ».

Et de cette correspondance, telle que nous la possédons, soigneusement expur-

1. Reisset, *Mœurs et usages au temps de Marie-Antoinette*, Paris, 1885, in-4°, t. 2, p. 256.

2. Sans doute, Bernard Derosne, établi rue Saint-Honoré, dans une jolie maison à quatre étages, avec des fenêtres sculptées style Louis XIV, qui existe encore et porte le numéro 115.

gée, la mauvaise foi du roi, la duplicité de la reine sautent aux yeux les plus volontairement fermés.

La Cour n'a plus d'espérance que dans les armées étrangères. Au lendemain de l'acceptation de la Constitution, Marie-Antoinette envoie M. de Goguelat à Vienne, chargé d'une lettre secrète pour l'empereur son frère[1]; le 13 février 1792, M. de Fersen arrive à Paris pour soumettre à Louis XVI un nouveau projet de fuite, élaboré par le roi de Suède Gustave III[2]. Pendant ce temps, la guerre civile s'organise au rez-de-chaussée du pavillon de Flore, où habite la princesse de Lamballe, revenue du château d'Anet depuis le 18 novembre[3].

A la vérité, ces intrigues n'étaient pas en 1792 connues du public aussi positivement qu'elles le sont aujourd'hui; mais

1. *Mémoires de Mme de Campan*, édit. Barrière, p. 305.

2. Voy. V. Fournel, *L'Événement de Varennes*, p. 275 et s..

3. Weber, *Mémoires concernant Marie-Antoinette*, t. II, p. 61; — A. Challamel, *Les Clubs contre-révolutionnaires*, p. 549.

tout dans la conduite de Louis XVI laissait transpirer ses espérances et ses coupables intentions. Faisait-il quelques concessions ? Ce n'était que la main forcée et toujours dans la ferme intention de trouver une occasion pour s'y soustraire.

C'est ainsi qu'il sembla accepter le ministère girondin du 23 mars 1792, celui que Marie-Antoinette baptisa *le ministère sans-culotte.*

Roland y avait le portefeuille de l'intérieur.

Quand il se présenta aux Tuileries pour la première fois, le maître des cérémonies refusa de le laisser entrer : il portait des souliers à cordons et était coiffé d'un chapeau rond, tout était perdu !

Il fut d'ailleurs de courte durée, ce miministère. Le 13 juin, Louis XVI renvoya brutalement les trois ministres girondins : Roland, Servan, Clavière. Désormais, la lutte, encore circonscrite dans le conseil du roi, va s'engager, définitive et impitoyable, entre le monarque et le peuple.

Aussi, le 20 juin 1792, un an jour pour jour après la fuite de Varennes, le peuple envahit le vieux palais ; et dans la salle de l'Œil-de-Bœuf dont la cheminée est surmontée d'un admirable tableau de Mignard, représentant Louis XIV couronné par Minerve, Louis XVI, assiste au défilé de la Révolution.

Mais cette journée, plus parisienne encore que nationale, avait eu ses meneurs. Tous les patriotes ne l'avaient point approuvée [1]. La royauté, coiffée du bonnet rouge, en était sortie avec le prestige du martyre et, selon un mot célèbre, Louis XVI, stoïque au milieu de la foule hurlante, avait paru plus roi que jamais.

En réalité, le 20 juin releva un moment les affaires de la Cour.

La province n'avait compris ni les motifs ni le but de cette manifestation avortée ; elle n'y avait vu qu'une insulte grossière au roi de la Constitution [2]. La province ne pouvait pas sentir, comme

1. Aulard, dans la *Grande Encyclopédie*.
2. *Ibid.*

Paris, que le véritable appui de l'étranger était aux Tuileries et qu'il fallait renverser cette puissance anti-française qui, pour ainsi dire, arborait le drapeau de l'Autriche sur le faîte du château qu'elle habitait.

Il fallait que la France vînt à Paris, qu'elle vît de ses yeux, qu'elle comprît les choses. Ce phénomène s'accomplit. La France vint à Paris; elle y vint dans la personne de ces gardes nationaux qu'elle envoya aux approches du 14 juillet, pour renouveler la grande fédération de 1790 que le voyage de Varennes avait empêché l'année précédente.

Alors le voile se déchira; et ce jour-là, en revenant du Champ de Mars, la famille royale passa au milieu des cris de : « A bas le roi! A bas Véto! Vive Pétion! », tandis que l'on chantait une chanson dont voici le refrain :

> Nous te traiterons, gros Louis
> Biribi,
> A la façon de Barbari,
> Mon ami.

Trois jours avant, le 11 juillet, l'Assemblée avait décrété LA PATRIE EN DANGER.

Dès lors, et tandis que, livrant au vent ses flammes tricolores, s'élève sur chaque place publique un amphithéâtre où vont s'enrôler de glorieux volontaires, tout enrubannés; tandis que, d'heure en en heure, *le canon d'alarme*, tiré du terre-plein du Pont-Neuf, rappelle à chacun que l'ennemi n'est plus qu'à soixante lieues de Paris; le château des Tuileries se fortifie, se montre ouvertement hostile, se prépare à une lutte désespérée.

Et Paris fit le « dix août » qui sauva la Nation.

Nul historien n'a aussi bien compris que Michelet et n'a mieux mis en relief la nécessité absolue de cette journée au point de vue du salut même de la France[1].

Ce ne fut point une conspiration, ni

1. Michelet, *Histoire de la Révolution*, édit. Flammarion, t. III, p. 245.

une surprise, ni un guet-apens, comme on l'a prétendu, mais un soulèvement populaire. Les dispositions de la défense se firent ouvertement, comme les dispositions de l'attaque[1].

La Cour, a dit un royaliste[2], « connaissait depuis longtemps les projets d'attaque, et elle avait pris ses mesures en conséquence; loin de craindre l'insurrection, elle voulait en profiter pour se rendre maîtresse de Paris ».

Est-ce qu'on n'était pas sûr de l'arrivée prochaine des alliés? Est-ce qu'on ne croyait pas avoir corrompu à prix d'or les principaux chefs de l'insurrection?[3] Ah! vienne la lutte! Il n'y aura plus

1. Moreau de Jonnès, *Aventures de guerre au temps de la République et du Consulat*, Paris, 1858, in-8°, t. Ier, p. 61; — Pollio et Marcel, *Le Bataillon du 10 août*, Paris, 1881, in-18, chap. X.

2. *Mémoires du marquis de Ferrières*, Paris, 1822, t. III, p. 177.

3. Pour les tentatives de corruption, voy. : Gouverneur-Morris, *Mémorial*, t. Ier, p. 342; les *Procès-verbaux* des séances de la Convention, des 11 et 17 décembre 1792; — Bertrand de Molleville, *Mémoires secrets*..., Londres, 1797, t. III, p. 47.

qu'à tendre la main à La Fayette ; et c'en sera fait de cette Révolution maudite!

Si Louis XVI, ce bon roi, n'avait pas voulu que le sang coulât, il ne tenait qu'à lui de l'éviter, en abandonnant la partie. Rien ne lui était plus aisé que de fuir. Tous les historiens sont d'accord sur ce point. Gouverneur-Morris, Bertrand de Molleville, Mme de Staël et La Fayette lui soumirent jusqu'à sept projets de fuite; il les repoussa, quoiqu'il fut instruit, heure par heure, des préparatifs du combat[1].

Le 25 juillet, les défenseurs du château rompent les planchers du premier étage de la galerie du Louvre, presque au-dessus des guichets Marigny, et au bord de cette coupure, l'aide-major de Salis, de la garde suisse, fait élever une sorte de retranchement, avec des planches et des madriers[2]. Un grand

1. Maton de la Varenne, *Histoire particulière*, etc., p. 64.
2. Peltier, t. Ier, p. 105; — Moreau de Jonnès, t. Ier, p. 67; — Michelet, *Histoire de la Révolution*, édit., 1869, t. III, p. 256.

nombre de lits de camp sont préparés dans les combles des Tuileries[1]; des matelas garantissent les fenêtres[2].

Le château était donc une véritable forteresse; de sorte que, pour renverser la royauté, il fallait commencer par la prendre d'assaut.

On songea tout d'abord à en écarter les défenseurs les plus sérieux : les Suisses.

Le 15 juillet, sur la motion de Fauchet, l'Assemblée décréta que le pouvoir exécutif serait tenu de faire sortir, sous trois jours, les troupes de ligne en garnison à Paris. Ce décret visait spécialement le régiment des gardes suisses, milice fidèle, qui vendait son sang, mais qui livrait loyalement sa marchandise[3].

Le colonel d'Affry essaya de parer le coup porté par le décret de la Législative,

1. *Notice historique sur les événements du 10 août et des 20 et 21 juin précédent*, par Sergent-Marceau, dans la *Revue rétrospective*, 2e série, n° 3.

2. L. Blanc, *Histoire de la Révolution*, t. VII, p. 22.

3. Ce régiment était formé de trois bataillons de 1,200 hommes chacun.

en écrivant, le 17 juillet, une lettre dans laquelle, pour n'avoir pas à éloigner son régiment et le tenir à la disposition de la Cour, il invoquait les capitulations ou conventions avec le corps helvétique, capitulations qui n'étaient point encore abrogées. L'Assemblée décréta alors que, provisoirement et en attendant le rapport du comité diplomatique, deux bataillons de ce régiment s'éloigneraient à trente toises de la capitale[1]. Un bataillon s'en alla à Rueil; l'autre, à Courbevoie. Les communications entre les Tuileries et ces localités étaient alors si faciles (les parties de la ville qu'il y avait à traverser étant presque sans habitants), qu'on peut dire que le décret n'eut pas d'exécution.

La Cour avait sans doute de belles cartes en mains; et le folliculaire Marchand, l'auteur des *Sabats jacobites* et de la *Jacobinéide*, pouvait faire, en ces termes, et sans une présomption trop

1. *Défense de Louis XVI*, 2e partie, § 1er. Séance de la Convention du 26 décembre 1792.

grande, le tableau de l'entrée triomphale des coalisés dans Paris :

« Le roi se mettra à la tête des Parisiens pour aller recevoir aux barrières de Paris les armées autrichienne et prussienne, et tout le monde chantera en français, en russe ou en allemand, en un mot, comme on voudra :

Ah ! ça ira, ça ira, ça ira,
De mal en bien tout change en France ;
Ah ! ça ira, ça ira, ça ira,
Car c'est Louis qui régnera ;
Antoinette l'on chérira,
Et les Jacobins l'on pendra.

Le roi remontera sur son trône. On donnera des fêtes magnifiques à l'empereur, au roi de Prusse, au duc de Brunswick ; les émigrés redeviendront ce qu'ils étaient ci-devant. Il y aura grand spectacle à la place de Grève. On décrétera que la potence y sera en permanence pendant un an, car chaque jour on y fera quelques petites exécutions (1). »

Devant tous ces préparatifs menaçants, Paris-révolutionnaire restait-il dans une insoucieuse inaction ? Si je le disais, personne ne me croirait.

Sous la pression des événements, le *Comité central des Fédérés*[2], créé par

1. *Les grands sabats*, n° 9, p. 139.

2. Il était composé de douze membres : Guadet, Jean Debry, Guyton-Morveau, Rulh, Lacuée (*gauche*), Bigot de Prémaneu, Lacépède, Pastoret, Muraire, Vaublanc, Lemontey et Tardiveau (*droite*). Ce comité siégeait dans la salle de correspondance du club des Jacobins (de la rue Saint-Honoré).

l'Assemblée, le 17 juin, avait créé à son tour un *Directoire secret d'insurrection* composé de quinze membres[1], qui se réunit, pour la première fois, dans la nuit du 25 au 26 juillet, au cabaret du Soleil d'Or, rue Saint-Antoine[2]. Dans la journée, sur la proposition de Thuriot de la Rosière, l'Assemblée avait décrété la permanence des sections, « en considération des dangers de la Patrie ». De cette permanence des sections va naître la *Commune insurrectionnelle du dix août* ; et celle-ci ne se conten-

1. C'étaient : Veaugeois, vicaire constitutionnel de l'abbé Grégoire, évêque de Blois ; Debessé, de la Drôme ; Guillaume, de Caen ; Simon, de Strasbourg ; Galissot, de Langres ; Carra, publiciste, plus tard conventionnel ; Fournier, dit l'*Américain* ; Westermann, greffier de Haguenau ; Kienlin, de Strasbourg ; Santerre, commandant du bataillon des Enfants-Trouvés ; Alexandre, commandant du bataillon de Saint-Marceau ; Lazowski, capitaine des canonniers de Saint-Marceau ; Antholne, de Metz, président en exercice du club des Jacobins ; Lagrey et Carin, électeurs de 1789. — Sur ce directoire, voy. : *Annales politiques et littéraires*, par Carra et Mercier, n° 335, novembre 1792, et *Mémoires de Barbaroux*, p. 52.

2. Il m'est impossible, à mon regret et malgré mes recherches, de dire où se trouvait ce cabaret.

tera pas de demander la déchéance du roi ; elle brisera le trône et portera jusqu'à l'échafaud de la place de la Révolution l'hypocrite élève de M. de la Vauguyon.

Des deux côtés, on se préparait donc au combat. La Cour était toute pleine d'espérance. Vers le milieu d'une de ces nuits de la fin de juillet, la lune, cette mélancolique visiteuse, éclaira la chambre de Marie-Antoinette : « Dormez-vous, madame Campan ? dit-elle. — Non, Votre Majesté. — Eh bien, dans un mois, quand je reverrai cette même lune, je serai dégagée de mes chaînes et le roi sera libre. »

O reine ! ne voyez-vous donc pas, vers le Midi, cette troupe d'hommes aux yeux flamboyants, à la barbe noire, au costume brutalement multicolore que tranche une ceinture rouge ?

Ne les entendez-vous pas, o reine ! chanter, crier, mugir cet hymne, né dans le nord, qui dans leur bouche a changé d'esprit comme les mots d'accents ?

Quels sont ces cinq cents hommes? Le bataillon des Fédérés marseillais, l'élite de la démocratie massaliote[1].

Quel est cet hymne? La *Marseillaise*, un chant qui va remuer les entrailles de la France.

Les *Marseillais* arrivèrent à Paris le 30 juillet[2]. Avec les fédérés Bretons, Dauphinois, etc., ils formèrent un corps de cinq mille hommes : c'était beaucoup, non pas à cause du nombre, mais à cause de l'esprit qui les animait, esprit

1. Voy. le très curieux et très documenté ouvrage de MM. J. Pollio et A. Marcel : *Le Bataillon du 10 août*, Paris, in-8°, 1881.

2. Un détail curieux, c'est que, à la même époque où ils faisaient connaître à Paris l'hymne de Rouget de Lisle, les Marseillais y réhabilitèrent la Tomate, populairement appelée dans le Midi *Pomme d'amour*. Avant la Révolution, cette solanée ne jouissait que d'une faveur restreinte ; elle était, de la part des Parisiens, l'objet de préjugés absurdes, et on la regardait volontiers comme un poison. Mais quand les Marseillais vinrent à Paris, ils demandèrent partout, dans les auberges, dans les restaurants, des « pommes d'amour ! » et ils le firent tant et si bien que les établissements publics s'en procurèrent sans délai. Quelques restaurateurs se firent même une spécialité de la cuisine à la tomate. (Cf. la *Flandre libérale*, juin 1879).

unique, esprit révolutionnaire en avant même de l'esprit parisien.

Encore dix jours et la royauté agonisante sera au pied du peuple triomphant.

Désormais la lutte est fatale, imminente; tout le monde le sait et tout le monde s'y prépare.

Dans la soirée du 4 août, le Directoire secret d'insurrection tient sa seconde réunion au Cadran bleu, chez le restaurateur Bancelin, boulevard du Temple[1]; mais, ne s'y sentant pas en sûreté, il se transporte, à huit heures, dans le logement qu'occupait Anthoine, le président en exercice du Club des Jacobins[2], dans la maison

1. A l'angle de la rue Charlot. — La maison, reconstruite, porte actuellement le numéro 75 sur cette rue, et le numéro 27, sur le boulevard.

2. On sait que les religieux de saint Dominique portaient primitivement le nom de frères prêcheurs ou de dominicains. Ceux de Paris, et par suite ceux de toute la France, se sont appelés Jacobins de leur installation à Paris près de la rue Saint-Jacques (V. ci-dessus, p. 29). Les Jacobins possédaient autrefois à Paris trois monastères, le grand couvent de la rue Saint-Jacques, le noviciat général, fondé en 1631 par le cardinal de Richelieu, au faubourg Saint-Germain, dont l'église est devenue paroissiale sous le titre de Saint-Thomas-d'Aquin, tandis que les bâtiments claustraux, après avoir été longtemps

de Duplay, où habitait aussi Robespierre[1].

Dans la journée, les Marseillais avaient quitté la caserne de la Nouvelle-France[2], trop éloignée, pour s'établir dans l'église des Cordeliers [3]. « Placés là, tout près du Pont-Neuf, ils étaient bien plus à même d'agir sur les Tuileries, de prendre l'avant-garde du mouvement, de lui donner un élan, une impulsion résolue, que les

occupés par le musée d'artillerie, sont aujourd'hui affectés à différents services du ministère de la guerre, et enfin la maison des Jacobins réformés, dont l'origine remontait à 1611. C'est dans la bibliothèque de ce couvent, dont l'emplacement est représenté par le marché Saint-Honoré et sur ses abords que se tint le Club des Jacobins.

1. Rue Saint-Honoré, n° 398. La maison a été exhaussée sur la rue, mais toute la partie sur cour n'a subi que des transformations qui n'en ont pas dénaturé la physionomie. L'appartement de Robespierre, par exemple, n'a point été modifié, pour ainsi dire. — Voy. sur cette maison : G. Lenôtre, *Paris-Révolutionnaire,* p. 17 ; — V. Sardou, *La Maison de Robespierre,* Paris, 1895, in-8. — E. Hamel, *La Maison de Robespierre,* revue « La Révolution française », t. XXVIII, p. 385 et XXIX, p. 193.

2. J.-L. Victor, la *Véritable contre-révolution,* n° 5, 4 août 1792, et n° 7, 6 août. — Sur la « Nouvelle France », voy. la *Chronique des rues,* 1re série, p. 35 et s.

3. Elle était située entre le musée Dupuytren et la rue Antoine-Dubois. Une partie de son emplacement a été réunie à la place de l'École-de-Médecine, l'autre partie est comprise dans les bâtiments de l'École pratique.

bandes peu disciplinées des faubourgs n'avaient nullement[1]. »

La cour, de son côté, continuait de prendre ses mesures pour la défense. Les Suisses arrivèrent aux Tuileries venant de Rueil et de Courbevoie, dans la nuit du 8 au 9, vers trois heures du matin; et dès lors le château fut formidablement défendu par plus de 6,000 hommes[2].

Il y avait aussi, disséminés dans les divers quartiers de Paris, une foule d'agents de police[3] dont le nombre est évalué à 7 ou 8.000 par Moreau de Jonnès[4].

Les Suisses étaient commandés par M. Maillardoz; les gentilshommes, par

1. Michelet, édit., 1869, t. III, p. 252.

2. Les historiens ne sont pas d'accord pour fixer le nombre des défenseurs des Tuileries. Voici le chiffre qui me paraît vrai: 1.200 gardes suisses; 950 gendarmes à cheval; 300 gendarmes à pied; 1,500 ex-gardes constitutionnels du roi; 550 gentilshommes, royalistes, etc., 2,000 gardes nationaux dévoués. Au total: 6.500 hommes.

3. Sur ces agents, voy. Bertrand de Molleville, *Mémoires secrets*, etc., t. II, p. 304-308; et Peltier, *Histoire de la Révolution du 10 août 1792*, t. Ier, p. 71-72.

4. *Aventures de guerre*, etc., t. Ier, p. 64.

M. d'Hervilly ; les gardes nationaux, par M. de Mandat[1].

A minuit trois quarts, les canonniers que ce dernier avait placés au Pont-Neuf, afin d'empêcher la jonction du faubourg Saint-Antoine et du faubourg Saint-Marceau, passèrent à l'insurrection et laissèrent tirer *le canon d'alarme.* Aussitôt, dans le silence d'une nuit splendide, le tocsin piqua ses notes[2], puis le rappel courut les rues.

Vers six heures, les colonnes des insurgés reçurent l'ordre de se porter en avant ; il n'était guère plus de huit heures quand la tête atteignit la place du Carrousel. — A ce moment même, le roi

1. Jean-Antoine Galiot, marquis de Mandat, chef de la quatrième légion, alors commandant général de la garde nationale parisienne. On sait que chacun des chefs des six légions avait à son tour, et pendant deux mois le commandement suprême.

2. Plusieurs historiens disent que les Marseillais sonnèrent les premiers le tocsin aux Cordeliers. C'est peu probable. Ils vinrent occuper le pont Saint-Michel vers minuit, et c'est seulement trois quarts d'heure après que retentit *le canon d'alarme* signal de l'insurrection.

abandonnait le château pour se rendre à l'Assemblée.

Que s'était-il donc passé ?

Aux approches du jour, Mandat avait été appelé par la Commune à l'Hôtel de Ville. Il y vint croyant trouver la « Commune légale », la municipalité de la veille. Tout était changé ; il se trouva devant la « Commune insurrectionnelle » que venaient de proclamer les commissaires des sections. Le nouveau pouvoir révolutionnaire l'interrogea brièvement. — Qui lui a donné l'ordre de résister au peuple ? — Pétion ? — Qu'il produise cet ordre. — Il ne l'a pas sur lui. Et voici qu'on exhibe un autre ordre émanant de lui, Mandat, où il commande d'attaquer *par derrière* la colonne des insurgés.

Cette pièce était significative ; Mandat trahissait le peuple, puisqu'il en avait d'abord servi la cause et appuyé les revendications. Sur la proposition de Manuel, la Commune le fit arrêter ; mais au moment où Mandat, conduit à la prison de l'Abbaye, traversait la place de Grève, un coup de pistolet lui cassa la tête, et son corps fut jeté dans la Seine[1].

La nouvelle de la mort de Mandat désorganisa toute la défense du château, et le chevalier de La Chesnaye, chef de la 6e légion, qui prit le commandement des gardes nationales aux Tuileries, ne sut point remédier à cette désorganisation. En même temps, on apprenait la nomination de Santerre comme commandant général à la place de Mandat[2].

1. Dans son *Histoire de la Terreur* (t, II, p. 276), Mortimer-Ternaux trouve que Mandat était dans son droit en ordonnant d'attaquer par derrière, de toutes les manières possibles, les colonnes insurrectionnelles marchant à l'attaque du château. Soit, mais le peuple n'était-il pas dans son droit aussi en se débarassant du commandant des forces qu'il allait combattre? Aussi bien, comme l'a dit Louis Blanc de l'ordre de Mandat : « C'était le droit de la défense déshonoré par la trahison.» (t. VII, p. 58, à la note.)

2. Santerre habitait une maison encore existante, rue du Faubourg-Saint-Antoine, n° 210. Sa brasserie, la «brasserie de l'Hortensia», subsiste aussi, au moins en partie, rue de Reuilly, n° 11. — Santerre, paralytique, est mort le 6 février 1809, rue des Petites-Écuries, dans une maison qu'a remplacée le n° 16 actuel.

On crut nécessaire, dans ces circonstances, de remonter le moral des défenseurs de la monarchie; ce fut M. d'Hervilly qui le tenta par un coup de théâtre.

Il était à peu près quatre heures du matin, et les principales personnes du château étaient réunies dans la salle des gardes, dite aussi galerie de Diane[1]. Tout à coup M. d'Hervilly cria : — Huissier, ouvrez à la noblesse de France! — L'épée à la main, il parut, précédant un groupe de gentilshommes, mal armés, grotesques. L'un, par exemple, s'était partagé avec un page les deux fragments d'une paire de pincettes rompues, et chacun d'eux portait sur son épaule ce fragment avec la gravité qu'il eût porté un fusil ; un autre page, un pistolet de poche à la main, en appuyait le bout sur l'épaule de la personne qui le précédait, et celle-ci le priait avec instance de

1. A cause des peintures qui la décoraient et qui étaient dues au pinceau de Nicolas Loir. Elle était située au nord du pavillon de Flore et ses six croisées s'ouvraient sur la cour des Princes. — *Infra*, p. 190, note 3.

chercher à son arme un autre point d'appui ; d'autres, enfin, avaient des épées et des poignards, quelques-uns des espingoles.

L'apparition de cette troupe produisit le plus mauvais effet et sur les Suisses, et sur la Garde nationale. Sur les Suisses, parce que, armés comme étaient ceux qui la composaient, ils ne pouvaient qu'embarrasser la défense [1] ; sur la Garde nationale, parce qu'elle crut que ces nouveaux « Chevaliers du poignard » avaient été appelés en défiance d'elle.

Aussi, lorsque vers six heures, Louis XVI, vêtu d'un habit violet, couleur de deuil pour les rois, voulut tenter de réagir contre le découragement des troupes campées dans le jardin, en les passant en revue [2], l'accueil qu'il en reçut fit présager une désertion prochaine [3]. Il

1. Pfyffer, *Récit de la conduite du régiment des Gardes suisses à la journée du 10 août 1792*, Genève, 1824, in-4°.

2. Sur la position des postes occupés par les défenseurs des Tuileries, voy. J. Pollio et A. Marcel, *le Bataillon du 10 août*, p. 286-287.

3. «Il était accompagné par des gentilshommes dont

rentra au château pâle et défait; quelques moments plus tard il quittait les Tuileries avec sa famille, pour se rendre au Manège, au milieu de l'Assemblée Législative.

Un beau soleil étendait son voile d'or sur le jardin, se jouant à travers les marronniers qui déjà se dépouillaient, comme pour justifier la parole prophétique de Manuel : « La royauté n'ira pas jusqu'à la chute des feuilles. »

Quand le roi pénétra dans la salle du Manège, l'Assemblée, présidée par Vergniaud, était peu nombreuse. Il y avait eu séance de nuit ; soixante députés, à

l'habit de cour et les manifestations apprirent aux gardes nationaux qu'on les avait appelés non pour défendre la royauté constitutionnelle, mais pour rétablir tout ce que la Révolution avait renversé. Le duc de Mailly et la reine, oubliant combien chez un peuple railleur, un mouvement théâtral peut prêter au ridicule, aggravèrent ces tristes imprudences. Le duc, en arrivant au centre des troupes en bataille, tira son épée, se jeta aux pieds du roi et renouvela, au nom de la noblesse française, le serment de mourir pour son prince. La reine, saisissant le pistolet de ceinture d'un canonnier, l'offrit au roi en lui disant que c'était l'instant de se montrer et de se mettre à la tête de ses fidèles défenseurs. » (Moreau de Jonnès, *Aventures de guerre*, etc., t. Ier, p. 71.)

peine, étaient présents. — « Messieurs, dit le roi en portant ses regards un peu indécis des tribunes aux bancs des députés, je suis venu ici pour éviter un grand crime, et je pense que je ne saurais être plus en sûreté qu'au milieu de vous. » — Vergniaud répondit : « Vous pouvez, sire, compter sur la fermeté de l'Assemblée nationale ; ses membres ont juré de mourir en soutenant les droits du peuple et des autorités constituées. »

Alors un membre se leva : — « Vous savez, dit-il, qu'un article de la Constitution défend de délibérer en présence du roi. »

L'observation était juste ; l'Assemblée, après une délibération d'un instant, éluda la défense. Elle désigna au roi la loge du journal le *Logographe*[1], qui était séparée de la salle par une grille de fer.

Au moment où le petit-fils de Louis XIV et la fille de Marie-Thérèse s'y asseyaient,

1. Ce journal, qu'il ne faut pas confondre, comme l'ont fait Louis Blanc, Edmond Biré et beaucoup d'autres, avec le *Logotachygraphe* du citoyen Guiraut, lequel ne parut que sous la Convention, était subventionné par la Cour.

une détonation formidable se fit entendre du côté des Tuileries. Le roi tressaillit, un éclair passa dans les yeux de Marie-Antoinette.

C'est qu'en effet Louis XVI, en quittant les Tuileries pour se rendre à l'Assemblée nationale, n'avait point cédé, comme on l'a dit, aux instances de Rœderer, il avait exécuté un projet arrêté d'avance et parfaitement raisonné. En s'éloignant du château, avant que l'action eut été commencée, la famille royale évitait les dangers du combat ; elle pouvait décliner la responsabilité du sang versé, en cas d'insuccès ; si l'insurrection était vaincue, le roi, disposant de la force militaire qui l'avait escorté[1], devenait maître de la représentation nationale et lui dictait sur le champ les mesures qui accomplissaient la contre-révolution.

1. Deux bataillons de la garde nationale et deux compagnies de gardes-suisses. Ces troupes stationnaient dans l'enceinte des Feuillants. (Moreau de Jonnès, *Aventures* etc., t. Ier, p. 71.)

Les illusions royales n'eurent qu'une courte durée. — Bientôt Rœderer vint annoncer que le château était forcé ; et alors, *mais seulement alors*, Louis XVI fit avertir le président qu'il venait de donner aux Suisses l'ordre de cesser le feu [1]. Cet ordre est aujourd'hui au Musée Carnavalet ; la signature, tracée en lettres longues de six lignes, semble festonnée à plaisir; l'écriture, fort tremblée, témoigne d'une vive agitation. Le roi devait être, en effet, extrêmement agité : il comprenait enfin qu'il était perdu.

Voici ce qui s'était passé.

Quand le roi avait fui, l'avant-garde de l'armée insurrectionnelle arrivait sur la place du Carrousel. Westermann qui la commandait, poussa aussitôt son cheval

1. Ceci, dit Michelet (t. III, p. 285), éclaircit la question qu'on a essayé d'obscurcir. Le roi voulut éviter une plus grande effusion de sang, *lorsqu'il sut que le château était forcé*, lorsqu'il n'eut plus d'espoir. Cet ordre pouvait avoir le double avantage de diminuer l'exaspération des vainqueurs et de couvrir l'honneur des vaincus, de sorte que ceux-ci pussent dire, comme ils n'ont pas manqué de le faire, que l'ordre du roi avait pu seul leur arracher la victoire ».

jusqu'à la porte du milieu, la porte Royale, et en demanda l'ouverture. Le départ du roi ayant fait changer les dispositions de la défense, les cours avaient été évacuées, et les défenseurs du château étaient rentrés au palais. Déjà, on se mettait à battre en brèche avec des madriers la porte, qui n'eut pas résisté longtemps, lorsqu'elle s'ouvrit soudain. François Moisson, le commandant des Marseillais, se précipita aussitôt, suivi de sa troupe au pas de charge. Les fédérés Bretons, les faubouriens, les Allobroges [1] vinrent se masser derrière eux ou à leurs côtés. Les deux armées étaient en présence.

En ce moment, les canonniers de la garde nationale se jetèrent dans les bras des assaillants, fraternisèrent avec eux

1. Cette légion franche, qui devait en 1793 faire partie de l'armée de la Convention dans le Midi et contribuer à la reprise de Toulon sur les Anglais, avait été formée en 1792 des patriotes suisses, savoisiens et piémontais qui s'étaient réfugiés en France. — Voy. général Doppet, *Mémoires politiques et militaires*, Paris, 1824, p. 53; — Zénon Pons, *Mémoires pour servir à l'Histoire de la ville de Toulon* en 1793. Paris, 1825, p. 164.

et tournèrent leurs canons contre les Tuileries; les gendarmes[1] qui avaient suivi les Suisses sortirent du grand vestibule, et mettant leurs chapeaux au bout de leurs baïonnettes, se joignirent au peuple; les Suisses étaient hésitants; le vestibule était plein de monde.

Tout à coup une détonation terrible éclata: les gentilshommes tiraient sur ce peuple qui, puisque le roi était en fuite, gaminait dans les cours, croyant, dans son indéfectible naïveté que tout le monde allait s'embrasser[2]. A cette décharge, les Suisses massés sur les marches du grand escalier répondirent par un feu de bataillon qui fit de nombreuses victimes

1. Ils avaient été divisés en deux compagnies : la première, sous les ordres du baron de Viomesnil, occupait la galerie des Carraches; la seconde, sous les ordres de Puységur et de Pont-l'Abbé, était placée à l'Œil-de-Bœuf. Elles étaient composées de pelotons de douze hommes de front sur trois de hauteur.» (*Histoire secrette* (sic) *du 10 aoust*, Paris, 1796, an IV, p. 13.

2. Oui, monsieur, disait le lendemain au rédacteur du *Moniteur*, quelques fédérés bretons,— nous avions encore la bouche sur leurs joues, quand tout à coup une grêle de balles et de mitraille a été dirigée sur nous. (*Moniteur* du 12 août 1792.)

parmi la foule bruyante mais au demeurant pacifique, qui encombrait le grand vestibule.

Puis, la garnison du château opéra deux sorties : les Suisses au centre par le pavillon de l'Horloge et les gentilshommes par le pavillon de Flore. Ces derniers repoussèrent les insurgés stationnant sur le quai et les rejetèrent vers les petites rues qui ont fait place à la place du Carrousel agrandie et au square Gambetta. Quant aux Suisses, criblant de balles les patriotes en désarroi ils semèrent les cours de nombreux cadavres.

Cependant, après la première épouvante occasionnée par la brutale attaque du château, on se ressaisit. Bientôt les Suisses durent se replier ; et Marseillais, Brestois, Fauboúriens se précipitant au pas de charge, envahirent la cour royale et la cour des princes, firent irruption dans le château[1]. Ce fut alors une ba-

1. Michelet, t. III, p. 284 et s.; — *Révolutions de Paris*, t. XIII, n° 161, p. 234-235.

taille dans toute l'acception du mot; la vraie lutte.

Ce fut aussi à ce moment, l'issue n'étant plus douteuse, que le *bon* roi Louis XVI donna aux Suisses, comme je l'ai dit, l'ordre de cesser le feu.

Cet ordre tardif fut porté par d'Hervilly. Au lieu de le faire exécuter, il voulut tout d'abord continuer la défense des Tuileries, rêvant encore de balayer l'insurrection et de ramener au château la famille royale victorieuse [1]. Mais déjà le grand vestibule était forcé [2]; on se battait partout, de salle en salle [3]. Les baraques de la clôture des cours brûlaient [4]; les fédérés pénétraient dans les Tuileries par la galerie du Louvre; les gentilshommes se voyant perdus prenaient la fuite par le pavillon de Flore

1. Bertrand de Molleville, *Mémoires secrets*, etc., t. III, p. 52.

2. Barbaroux, p. 52.

3. *Moniteur* du 14 août 1792; — Em. Aubier, *Lettre à Mallet du Pan*; — Labédollière, *Histoire de la Garde nationale*, p. 223.

4. Michelet, t. III, p. 285.

et la terrasse du bord de l'eau[1], tandis que les Suisses, ces héroïques mercenaires, défendaient encore pied à pied le grand escalier, la chapelle, les galeries.

Alors d'Hervilly, abandonnant enfin ses illusions leur notifia l'ordre qu'il détenait, leur commanda de se rendre à l'Assemblée[2]; et les Suisses abandonnant le château s'engagèrent dans la grande allée pour se diriger vers le Pont-Tournant.

Cette retraite était à peine commencée que déjà une multitude de tirailleurs assaillait la colonne d'un feu meurtrier pendant que le bataillon des Minimes, pressant son arrière-garde, l'obligeait à faire volte-face à chaque instant. — « Rien ne saurait surpasser le courage et la discipline des soldats suisses dans cette situation désespérée, dit un témoin ocu-

1. Granier de Cassagnac, *Histoire des Girondins*, t. Ier, p. 493.
2. Bertrand de Molleville, t. III, p. 53.

laire[1]; on aurait dit qu'ils manœuvraient à la parade et, pourtant, à chaque pas, il leur fallait serrer leurs rangs que la fusillade éclaircissait. Dans l'espace compris entre le bassin des parterres et le bassin octogone, ils firent peut-être dix haltes pour faire face en arrière et sur leurs flancs, et repousser les assaillants par des feux de file parfaitement exécutés. »

Aux approches du bassin octogone, la colonne cessa de tirer, ses rangs flottèrent en désordre. Une masse, s'élançant sous les arbres, culbuta les gardes nationaux, se dirigea vers la grille de l'Orangerie, en face la rue Saint-Florentin et parvint à s'échapper. Un autre groupe, plus pressé par les insurgés, se réfugia dans l'hôtel du Garde-Meuble, aujourd'hui ministère de la marine, où beaucoup furent tués ou pris. Le plus grand nombre, mieux guidés, traversèrent la place Louis XV (*la place de la Concorde*), et disparurent par la rue des

1. Moreau de Jonnès, *Aventures*, etc., t. 1er, p. 88.

Champs-Élysées (notre *rue Boissy-d'Anglas*), voisine du quartier de la Madeleine, qui était alors désert.

Une partie de la colonne, cependant, avait continué sa marche vers le Pont-Tournant, croyant pouvoir gagner sans obstacle les Champs-Élysées ; mais, en débouchant sur la place Louis XV, elle y trouva, posté, en avant du pont Louis XVI (*le pont de la Concorde*), un bataillon du faubourg Saint-Marceau qui la salua d'une fusillade meurtrière. Les Suisses alors se dispersèrent. Quelques-uns, jetant leurs fusils, armes inutiles contre les piques, se défendirent avec leurs sabres; plusieurs tinrent un instant au pied de la statue de Louis XV : bien peu échappèrent à la mort.

Il en fut de même de ceux d'entre eux qui, formant l'arrière-garde, n'avaient pu rejoindre la colonne de retraite et s'étaient jetés dans le bois alors épais, agreste et touffu, prolongeant dans toute sa longueur la terrasse du bord de l'eau. Après une résistance désespérée, ils furent forcés de se réfugier sur cette terrasse. Les uns se cachèrent dans le jardin du Dauphin et, bientôt, découverts, furent mis en pièces; les autres se précipitèrent du haut de la terrasse sur le quai dans l'espoir d'atteindre la rivière et d'y trouver quelque chance de salut; mais bien peu d'entre eux y réussirent et la plupart périrent avant d'avoir pu demander au fleuve le secours qu'il avait accordé aux protestants, le jour de la Saint-Barthelémy [1].

Pendant ce temps, dans la loge du

1. L'armée de l'insurrection et les hommes du peuple qui la devancèrent en entrant, avec une confiance aveugle, dans les cours du palais, laissèrent sur le champ de bataille environ onze cents hommes, savoir : sous le vestibule 100, dans les cours 400, dans l'attaque et pendant la retraite des Suisses 600. (Voy. Moreau de Jonnès, t. Ier, p. 102). — Les troupes royales perdirent environ neuf cents hommes dont 700 Suisses qui furent inhumés dans le cimetière de la Madeleine (l'emplacement de la Chapelle Expiatoire et d'une partie du square), pendant la nuit du 11 août. Quant aux fédérés et aux patriotes parisiens il existe aux Catacombes une pierre dont l'inscription : « Morts du 10 août » parait indiquer qu'ils ont été rassemblés sur ce point. (Voy. P.-L. Imbert, *les Catacombes de Paris*, Paris, 1867, in-8°, p. 47.

Logographe, la famille royale assistait aux funérailles de la monarchie.

Elle y resta seize heures, du vendredi 10 août, neuf heures et demie du matin, jusqu'au samedi 11, deux heures du matin. Elle fut alors conduite à l'étage supérieur de l'ancien couvent des Feuillants où on lui avait préparé au-dessus du corridor des bureaux et des comités de l'Assemblée, le logement de l'architecte. Ce logement se composait de quatre petites chambres pavées de briques [1].

Toutes ces chambres étaient contiguës. Dans la première qui servait d'antichambre dormirent ou plutôt veillèrent cinq gentilshommes qui ne voulurent point abandonner le roi : MM. de Briges, le prince de Foix, le duc de Choiseul, de Goguelat et Aubier. La famille royale se partagea les trois autres chambres. Le roi coucha dans la

1. E. Biré, *Journal d'un bourgeois de Paris pendant la Terreur*, t. 1er, p. 145, à la note.

seconde à demi-habillé, une serviette lui tenant lieu de bonnet de nuit. La reine reposa dans la troisième chambre à côté de ses enfants. Madame Élisabeth, la princesse de Lamballe et Mme de Tourzel occupèrent la dernière pièce où elles se couchèrent comme elles purent sur des matelas étendus par terre [1].

Ce fut seulement le lundi 13 août, à cinq heures du soir, que la famille royale quitta les Feuillants pour aller au Temple [2]. Le convoi passa sur la place Vendôme à côté de la statue de Louis XIV, renversée la veille et brisée dans sa chute [3].

1. Reisset, *Modes et usages du temps de Marie-Antoinette*, t. II, p. 345.

2. Dans une voiture à dix places. Le roi, la reine et le dauphin en occupaient le fond; Madame Elisabeth, Madame Royale et Manuel, procureur de la commune, étaient sur le devant; Mme de Tourzel et la princesse de Lamballe étaient assises sur une banquette de la portière; Pauline de Tourzel et Collonge, membre de la commune, étaient sur la banquette en face.

3. Le 12 août, au matin, il ne restait plus debout des statues des rois érigées dans Paris, que celle de Henri IV sur le terre-plein du Pont-Neuf; elle tomba vers le soir.

Chose bizarre! sous le sabot de l'un des pieds de derrière du cheval on lisait l'inscription suivante : 12 AOUT 1692. Cette statue avait donc été debout cent ans jour pour jour.

VII

Le 8 du mois de septembre 1792, la section des Sans-Culottes [1] ayant envoyé une députation au Conseil général de la Commune pour exposer les avantages que la nation retirerait de la vente de l'ancien couvent des Feuillants, l'orateur de la députation, au cours de son discours, s'étonna que les représentants du peuple souverain fussent confinés dans l'étroite salle du Manège, alors que les rois avaient toujours habité des palais. Il proposa, en conséquence, d'adresser une pétition à l'Assemblée législative, à l'effet de l'inviter à choisir dans les Tuileries un local convenable pour y tenir ses séances [2].

1. Cette section, qui s'était appelée, de 1790 au 10 août 1792, section du Jardin-des-Plantes, tenait ses séances dans l'église Saint-Nicolas-du-Chardonnet.

2. *Archives parlementaires*, t. XLIX, p. 477.

La pétition de la Commune fut présentée le jour même à l'Assemblée par Pétion, maire de Paris, qui demanda que l'ancienne salle de spectacle du palais fut affectée aux séances de la Convention. Le 14 septembre, le ministre de l'intérieur, c'était alors Roland, fut autorisé à la faire préparer, d'après les plans proposés par l'architecte Vignon, afin d'être en état de recevoir la Convention nationale, dès le 1er novembre suivant.

Cette salle, construite pendant le règne de Louis XIV, (en 1671), sur les dessins d'un gentilhomme italien nommé Vigarani[1], occupait dans sa hauteur toute l'aile du château la plus rapprochée du pavillon de Marsan. Servandoni, architecte et décorateur du roi, y avait fait dresser et essayer les machines de l'Opéra, et de cette circonstance elle

1. Il n'est question de ce Vigarani, ni dans l'ouvrage de Milizia (Paris, 1772), ni dans les dictionnaires biographiques, et l'on ignore s'il était architecte de profession ou un simple amateur.

avait pris le nom de « Salle des machines »[1].

De 1770 à 1782, les Comédiens Français l'occupèrent, en attendant que l'architecte Peyre pût leur livrer le théâtre qu'il construisait pour eux sur les terrains de l'hôtel de Condé, et la vieille salle de la *rue des Fossés-Saint-Germain* menaçant ruine[2]. C'est là que l'on joua pour la première fois le *Barbier de Séville*, de Beaumarchais (23 février 1775); c'est là que Voltaire, à l'issue de la représentation d'*Irène* (30 mars 1778), se

1. Comte de Clarac, *Description historique du Louvre et des Tuileries*, Paris, 1853, in-8°, p. 615.

2. La présence des comédiens français avait fait donner à cette rue le nom de *rue de la Comédie*; après leur départ, elle devint la *rue de l'Ancienne-Comédie*, et elle a gardé cette dénomination. Une statue couchée de Minerve, appliquée au mur, entre le premier et le deuxième étage de la maison portant le n° 14, indique l'ancienne façade du théâtre. Il en subsiste d'ailleurs, au fond de la cour, des parties absolument intactes, loges d'acteurs, couloirs, foyers, magasins, etc.... L'entrée des artistes s'ouvrait sur l'emplacement du n° 19 de la *rue Grégoire-de-Tours*, jadis *rue des Mauvais Garçons*. — Quant à l'édifice élevé par Peyre, est-il besoin de rappeler que c'est aujourd'hui l'*Odéon*?

vit couronner en effigie sur la scène, au bruit des fanfares et des tambours; tandis que toute la salle, debout, applaudissait à cette apothéose, et que Mme Vestris, entourée de tout le personnel de la Comédie-Française, tenant des palmes, déclamait un dithyrambe en l'honneur du poète[1].

Pendant que sous la direction de Gisors, qui avait succédé à Vignon, s'exécutaient les travaux nécessaires pour approprier la salle des Machines à sa nouvelle destination, l'Assemblée était arrivée au terme de sa législature.

Le jeudi 20 septembre 1792[2], les nouveaux représentants du peuple se réunirent provisoirement au palais des Tuileries, dans la *Salle des Cent-Suisses*, au premier étage du pavillon de l'Horloge[3].

1. Sur cette représentation d'*Irène*, voy. *Mémoires* de Fleury, de la Comédie-Française, Paris, 1847, t. Ier, p. 141 et s.

2. Et non pas le *21*, comme on l'a souvent écrit. Voy. *Arch. nat.* CI, 382, *Assemblées pol.*, *Législative*; — *Procès-verbal de la Convention nationale, imprimé par son ordre*, t. Ier, p. 1.

3. C'est dans cette salle, devenue sous Louis-Philippe

Puis, le 10 mai 1793, les travaux d'aménagement terminés, la Convention nationale quittant enfin le Manège, vint définitivement prendre ses séances dans la nouvelle salle des Tuileries, où s'écoulera désormais sa dramatique et glorieuse existence.

Alors, sur le dôme du pavillon de l'Horloge, devenu le *Pavillon de l'Unité* où siège le Comité de la guerre, flotte un drapeau tricolore auquel on substituera bientôt un gigantesque bonnet phrygien de serge écarlate ajusté sur une carcasse de fer [1]; le *Pavillon de l'Égalité*, ci-devant pavillon de Flore, est affecté aux Comités des assignats et monnaies, des finances, de liquidation et

la *Salle des maréchaux*, que tous les vendredis de carême se donnaient les *Concerts spirituels* et, le mercredi des Cendres, le *Concert Olympique*, rendez-vous de toutes les hautes classes de la société en grande parure. Le succès de ces concerts engagea le comte de Saint-Florentin, secrétaire d'Etat, à offrir la salle aux artistes de l'Opéra, mis sur le pavé par l'incendie du 6 avril 1763; et l'Opéra y demeura jusqu'en 1770, vivant surtout de «reprises», entre Rameau, d'une part, Gluck et Piccini de l'autre.

1. *Arch. nat.* F. 13 : 278

examen des comptes, de la marine et des colonies ; au *Pavillon de la Liberté*, ci-devant pavillon de Marsan, siègent les Comités des décrets et procès-verbaux, d'agriculture, du commerce, des ponts-et-chaussées, de la navigation intérieure et la Commission des inspecteurs de la salle.

Le Comité de Salut public, qui porte devant l'histoire la responsabilité du gouvernement de la France, occupe l'aile du palais la plus rapprochée du pavillon de Flore, l'aile où se trouvaient précédemment les appartements de la famille royale [1] ; et le Comité de sûreté générale, qui a dans ses attributions toute la police de la République, est

1. Le Comité de Salut public avait été installé tout d'abord dans l'hôtel d'Elbeuf, dont l'emplacement, compris aujourd'hui dans le sol de la place du Carrousel, se trouvait au droit et à l'ouest du pavillon Mollien (*Louvre*). Cette demeure succédait à un hôtel de Lanquetot, puis de Créquy, de Coëtanfao, de Vieux-Pont, enfin hôtel d'Elbeuf, parce qu'il fut à Emmanuel-Maurice de Lorraine, duc d'Elbeuf, dont la femme le fit reconstruire vers 1755. L'édifice n'a été démoli que vers 1838.

établi dans l'ancien hôtel de Brionne[1].

On a déblayé les ruines des petits bâtiments des cours, incendiés pendant la journée du 10 août, et une palissade sépare les Tuileries de la place du Carrousel, maintenant *place de la Réunion*. On lit au-dessus de la porte de cette clôture provisoire : LE 10 AOUT 1792 LA ROYAUTÉ A ÉTÉ ABOLIE EN FRANCE; ELLE NE SE RELÈVERA JAMAIS. Et sur chacune des pierres bouchant les trous que les boulets ont faits dans les murs du palais, on lit aussi cette date : *10 août*[2].

Tout là-bas, sur la place de la Révolution, la guillotine[3] fait pendant à la

1. Bâti, peu de temps avant l'année 1676, pour Louis de Lorraine, comte d'Armagnac, de Charny et de Brionne, grand écuyer de France, cet hôtel a été abattu en 1806. Il était situé, partie sur l'emplacement de l'aile qui longe la rue de Rivoli, du pavillon de Marsan au guichet de Rohan, partie sur le sol du square des Tuileries, à peu près à distance égale de ce pavillon et de ce guichet.

2. Teyssèdre, le *Conducteur général de l'étranger à Paris*, Paris, 1832, in-18.

3. La guillotine fonctionna pour la première fois, le 2 avril 1792, en place de Grève (*place de l'Hôtel-de-Ville*). La première tête qu'elle trancha fut celle d'un voleur de grand chemin nommé Peltier. Après la chute de la royauté

maquette en plâtre d'une statue de la Liberté, substituée, sur le piédestal de Pigalle, à l'image de Louis XV, œuvre de Bouchardon.

Dès lors, l'histoire du palais où siège la Convention, se confondant avec celle du pays, sort du cadre que je me suis tracé et dans lequel j'ai voulu rester, autant que me l'a permis la clarté du récit. Aussi bien, c'est à peine si quelques faits, comme le triomphe de Marat

et jusqu'à la fin de 1792, les exécutions capitales, faites en vertu des arrêts prononcés par le Tribunal dit du 10 août, eurent lieu sur la place du Carrousel, vers l'endroit où s'élève aujourd'hui cet élégant arc de triomphe que l'on considère comme le chef-d'œuvre de Perci[illegible] Fontaine. La première fois qu'on dressa l'échafaud su[illegible] a place de la Révolution, ce fut entre le piédestal de la statue de Louis XV (emplacement de l'Obélisque) et l'avenue des Champs-Élysées: c'était pour l'exécution de Louis XVI. Il revint à la place du Carrousel; puis, le 11 mai 1793, on le réinstalla sur la place de la Révolution entre le piédestal de la statue et la grille du Pont-Tournant; c'est là que fut exécutée Marie-Antoinette (16 octobre 1793). — Le 24 prairial, (12 juin 1794), on transporta la sinistre machine de la place de la Révolution à la place de la Bastille, et, dès le jour suivant, à la place du Trône. Elle y fonctionna jusqu'au 9 thermidor (27 juillet). Le lendemain, on la relevait sur la place de la Révolution pour l'exécution de Robespierre.

(24 avril 1793), ou la « fessée patriotique », infligée sur la terrasse des Feuillants à Théroigne de Méricourt [1], présentent un caractère local et se dégagent, par un côté du moins, des événements purement politiques.

Ces « fessées patriotiques », qui eurent pour conséquence de faire adopter l'usage du pantalon par les contemporaines, n'étaient pas rares aux Tuileries où fréquentaient les « tricoteuses » [2]. Les

1. De son vrai nom Anne-Josephe Théroigne, née à Marcour, le 13 août 1762. — Théroigne, qui n'était nullement la virago que l'on a dit, mais une femme de boudoir, perdit en cette scène de la terrasse des Feuillants le peu de raison qui lui restait. Folle, elle mourut à la Salpêtrière en 1817.

2. On « fessait » aussi à domicile : — « Les conciliabules des dévotes... se multipliant dans tous les couvents, les dames de la Halle se sont fait ouvrir les cloîtres et ont tenu une séance nationale aux Miramiones, aux Filles-Sainte-Marie et dans une multitude de moustiers. Chacune a été fouettée à son tour. Quelle gloire d'avoir subi le même traitement que saint Paul qui avouait avoir reçu quatre fois 39 coups de fouet ! Gorsas a donné un relevé exact des SS. culs fouettés, dont ces dévotes espèrent bien que quelque jour l'Église fera la fête. Il en compte 310 et demi, attendu que la trésorière des Miramiones était dans le même cas que mademoiselle Cunégonde dans Candide, et avoit laissé une fesse entre les mains de saint Côme. » (*Révolution de France et de Brabant*, n° 73, p. 354-355.)

habitués du café Hottot[1] ne se dérangeaient même plus pour si peu. Quant aux habitués du cabaret de l'Orangerie, situé à l'extrémité de la terrasse, vers l'endroit où se trouve le Jeu-de-Paume, ils avaient des distractions bien plus captivantes. On y avait vue sur la place de la Révolution, où, dans la belle saison, les exécutions se faisaient de quatre à six heures du soir. Les nombreux amateurs de la guillotine se disputaient alors les tables toujours retenues d'avance et chèrement payées. A la carte, dit-on, était jointe la liste des condamnés qu'on allait exécuter[2].

Il est heureusement, pour s'y arrêter, des faits moins « bête humaine », peut-être aussi moins fantaisistes; par exemple, les projets d'embellissement du palais et du jardin des Tuileries, arrêtés par le

1. Le café Hottot, que les documents de l'époque appellent très souvent le café Payen, était le café des Tuileries par excellence. Il était situé, comme le café actuel, et à peu près au même endroit, dans le jardin même, adossé à la terrasse des Feuillants.

2. G. Duval. *Souvenirs de la Terreur*.

Comité de Salut public au moment le plus sombre de l'an II[1].

David, qui fut l'auteur de presque tous les projets artistiques de la Révolution, David dont l'imagination n'était jamais à court; David, qui était homme, à lui tout seul, si on lui eut donné les moyens d'exécution, à modifier tout Paris, en avait conçu les plans, avec l'aide de son beau-frère, l'architecte Hubert.

La hantise de l'antique s'y retrouve partout. Qu'on en juge.

La cour du Palais-National (ainsi s'appelaient les Tuileries en l'an II) devait être fermée, du côté du Carrousel, par un stylobate circulaire. — Un « stylobate », qu'on veuille bien m'excuser si je le rappelle, est, en termes d'architecture, un soubassement avec base et corniche, qui porte une rangée de colonnes. — Des figures, représentant les vertus républicaines, devaient être placées sur des socles portés sur une seule base, « symbole de l'unité

1. *Moniteur Universel*, 21 et 22 prairial (9 et 10 juin 1794).

de la République ». Sur la face de chacun des socles, du côté de la cour, une étoile flamboyante, aurait éclairé pendant la nuit, le Palais-National et la Déclaration des Droits de l'homme, inscrite en lettres de bronze doré sur le stylobate. Enfin, sur le dôme du pavillon central, une statue de bronze représentant la Liberté, devait s'élever, brandissant d'une main le drapeau tricolore, tenant de l'autre la Déclaration des Droits.

Le plan prévoyait des modifications au jardin. On élargissait la terrasse dite des Feuillants, et l'allée alors gazonnée, qui s'étend au-dessous de cette terrasse, convertie en *palestre*, était, toujours la hantise de l'antique, destinée aux exercices des jeunes gens. Le long de cette terrasse, un portique ouvert au midi aurait été orné de tableaux « capables de développer et de diriger les passions généreuses de l'adolescence ».

David voulait encore « que, dans les quarrés (*sic*) placés entre les arbres », fussent établies des sortes de tribunes, en marbre, « semblables à celles où les philosophes grecs donnaient leurs leçons ».

On arrivait ainsi à la place de la Concorde.

Les belles constructions jumelles, élevées sur les dessins de Gabriel de chaque côté de la rue Royale, devaient être réunies par un arc de triomphe « en l'honneur des victoires remportées par le peuple sur la tyrannie », et laissant voir « la ci-devant église de la Madeleine ».

Un autre arc de triomphe ferait une entrée monumentale au pont de la Révolution, qu'on ornerait de statues de bronze antique. Puis, et c'est ici que le projet de David apparaît l'aîné des projets de « voies triomphales » dont on a tant parlé il y a trois ou quatre ans, des portiques eussent été établis dans l'avenue des Champs-Élysées, « ornés de sujets révolutionnaires », et, après les portiques, des piédestaux eussent porté, sur deux rangs, en une longue file, les statues des héros dont la mémoire était faite pour « enflammer l'enthousiasme des amis de la Liberté ».

En fin de compte, une bien petite partie de ce colossal programme reçut son exécution.

De l'abreuvoir de Marly, on transféra à l'entrée des Champs-Élysées, où ils sont encore, les chevaux de Coustou ; de Versailles, Meudon et Saint-Cloud, on transporta les orangers dans le « Jardin national », et ce sont ceux que nous y voyons à présent ; enfin, à droite et à gauche de la grande allée, on construisit « ces *exhèdres* semblables à ceux où les philosophes grecs donnaient leurs leçons. » Ce sont les deux parterres qui se trouvent sous les quinconces[1].

On y travaillait déjà, je crois, au moment de la célébration de la *Fête de*

1. Dans le parterre du quinconce Nord : statue de *Cérès*, par Gatteaux, au centre de l'hémicycle ; à l'extrémité E., *Apollon* et *Daphné*, par Théodon ; dans le parterre du quinconce S., statue d'*Aristée*, par Gatteaux, au centre de l'hémicycle ; à l'extrémité E., *Hippomène*, par Lepautre et *Atalante*, par G. Coustou.

l'Être suprême, le 20 prairial, an II (8 juin 1794).

Une estrade semi-circulaire, à laquelle on parvenait par un double escalier, avait été dressée sur l'esplanade du jardin, devant le pavillon de l'Unité, auquel elle était adossée [1]. Les représentants y prirent place, et, devant un peuple immense qui l'acclamait, Robespierre, élu, pour la seconde fois, président de la Convention, quatre jours avant, prononça le plus éloquent peut-être de tous ses discours, aussi s'est-on imaginé de prétendre qu'il n'en était pas l'auteur [2].

Quand il eut cessé de parler, un groupe nombreux de musiciens placés sur les deux rampes du perron exécuta une symphonie brillante, puis Robespierre

1. *Vue du Jardin national et des décorations le jour de la fête de l'Être suprême*, in-fol. l., à Paris, chez Chéreau, eau-forte assez soignée et non sans effet.

2. Quérard, dans son *Dictionnaire des Supercheries*, l'attribue à un abbé Martin; Chabot, dans un petit livre assez rare : *Ce bon M. de Robespierre*, publié en 1852, assure qu'il est l'œuvre de M. Porquet, précepteur de M. de Boufflers.

descendit les gradins de l'amphithéâtre, la main armée d'une torche et alla mettre le feu à un monument élevé sur le grand bassin circulaire et représentant l'athéisme. Du milieu de ce monument incendié apparut bientôt à tous les regards la statue de la Sagesse. Après quoi Robespierre remonta sur l'estrade et prononça une seconde allocution[1] ; ensuite le peuple et la Convention se mirent en marche pour le Champ de Mars[2].

L'Assemblée venait à la suite d'un groupe de vieillards, de mères de famille, d'enfants et de jeunes filles. Vêtu d'une culotte de nankin et d'un habit bleu barbeau, la taille serrée d'une ceinture aux couleurs nationales, la tête

1. Voyez les deux discours de Robespierre dans le *Moniteur* du 22 prairial (10 juin 1794) et dans le *Journal des débats et des décrets de la Convention*, n° 628. Ils ont été imprimés ensemble par ordre de la Convention (in-8° de 6 pages, de l'Imprimerie Nationale).

2. Voy. la relation de la fête dans la *Décade*, t. Ier, an II, et les gravures, notamment : *Vue de la montagne élevée au Champ de la Réunion*, in-fol., chez Chéreau ; — *Fête célébrée en l'honneur de l'Etre suprême*, in-fol., chez Marie-Anne Croisier.

coiffée d'un chapeau orné d'un panache tricolore, et tenant à la main, comme tous ses collègues, un bouquet composé d'épis de blé, de fleurs et de fruits, Robespierre, en sa qualité de président, marchait un peu en avant.

Le cortège suivit ainsi, au milieu des acclamations, la grande allée des Tuileries, cette voie douloureuse de la famille royale, cette voie sanglante des Suisses ; puis, après avoir franchi le Pont-Tournant, côtoya, pour gagner le pont de la Révolution, l'endroit où, pour un jour, chômait la guillotine[1].

Et un mois plus tard, radieux comme pour un autre jour de fête, se leva le soleil du 9 thermidor (27 juillet 1794), dont les derniers rayons devaient éclairer la chute des plus sûrs appuis de la République[2].

1. Voy. ci-dessus, p. 193, à la note.

2. Il y a deux relations quasi-officielles de la séance du 9 thermidor, celle du *Moniteur* et le projet de procès-verbal de Charles Duval, imprimé par ordre de la Convention. Ch. Duval était de la conjuration qui renversa

Bientôt après, sous les arbres des Tuileries, sévit une épidémie : le *secsa.* — Quoi donc ? — Tout simplement l'interrogation : *Qu'est-ce que c'est que ça ?* que les lois du suprême bon ton obligent les « Incroyables » d'avoir constamment à la bouche et de zézayer à propos de tout et à propos de rien, en clignant l'œil derrière leurs vastes lorgnettes.

Tandis que sur la place Saint-Germain-l'Auxerrois, Ange Pitou, le héros chantant de *Madame Angot*, jette à tous les vents ses refrains royalistes, que les ramiers des Tuileries vont faire

Robespierre. On peut juger par là si son procès-verbal est bien digne de foi. Je citerai, *pour mémoire*, la version donnée par le *Journal des débats et des décrets de la Convention*, c'est presque absolument la même que celle du *Moniteur*, aussi l'*Histoire parlementaire de la Révolution*, par Buchez et Roux, t. XXXIV, et l'*Histoire de la Convention*, par Léonard Gallois (souvent bien informé), t. VII. — En réalité, on en serait réduit à écrire d'après les seuls documents des Thermidoriens, longuement médités et arrangés pour les besoins de leur cause, si la critique historique ne venait pas en démontrer la partialité, si de l'examen des faits, la vérité ne jaillissait point irrésistiblement. L'histoire de la révolution de Thermidor est encore à faire.

leurs nids dans la maquette de la statue de la Liberté qui s'effrite ; c'est, sous les vieux marronniers, toute une foule colorée, bigarrée, amusante à l'œil, avec des couleurs gaies, séduisantes, et qui charment : des habits vert pomme, des robes rose thé, des châles jaune safran, des robes d'un blanc transparent, des nacrures d'épaules, des éclairs de chair nue. Et *Incroyables* et *Merveilleuses*, que guette le crayon de Debucourt, tourbillonnent, heurtant parfois les *patriotes*, revêtus du costume des années passées : le pantalon rayé, la carmagnole sur l'épaule, le bonnet à queue de renard sur la tête.

On n'entre pas dans le jardin sans porter la cocarde patriotique ; mais on se souvient de la *Fronde*, et on *fronde* aux Tuileries. Les femmes la portent, cette cocarde, de la grosseur d'un pois, l'attachant dans leur chapeau, la cachant sous un ruban ou sous des fleurs. « J'ai souvent entendu, dit Mayer, les sentinelles crier : Citoyenne, la cocarde ? —

La voilà ! répondait la dame, faisant en en même temps prendre l'air à un ruban, à une fleur, qui, en s'entr'ouvrant, laissait apercevoir une cocarde presque imperceptible [1]. »

Dans cette foule, regardez : voici la citoyenne Hainguerlot, voilà la citoyenne Hamelin, et la citoyenne Mailly de Château-Renault, et la citoyenne de Navaille, et la citoyenne de Staël ; voilà aussi la toute jeune et toute belle citoyenne Le Peletier de Saint-Fargeau, la *Fille de la Nation* [2].

1. Mayer, *Fragments sur Paris*, traduits par le général Dumouriez, Hambourg, 1798, t. Ier, p. 39.

2. Suzanne-Louise, née le 2 mars 1782, rue de la Planche (*actuellement partie de la rue de Varennes entre les rues du Bac et de la Chaise*). Elle fut déclarée par la Convention pupille de la Nation (loi du 7 septembre 1793). Elle épousa, le 9 germinal an VI, Jean-François de Witt, de la famille des célèbres frères de Witt. Devenue veuve, elle se remaria à son cousin Léon-François-Louis Le Peletier, comte de Mortfontaine. Le château de Saint-Fargeau (Yonne), où elle est morte le 19 août 1829, existe encore (Nauroy, *Révolutionnaires*, Paris, 1891, in-18, p. 239). On trouvera un piquant portrait d'elle dans la *Biographie des dames de la Cour et du faubourg Saint-Germain par un valet de chambre congédié*, Paris, 1826, in-32, p. 121.

Et cette brune qu'accompagne *Notre-Dame de Thermidor*, jadis Mme de Fontenay, plus tard princesse de Chimay, aujourd'hui citoyenne Tallien ? Cette brune ! c'est la veuve du général de Beauharnais, que les hasards de l'amour, en passant par la couche de Hoche, de Barras et de quelques subalternes [1], conduiront jusque sur le trône de France.

Il y eut bien quelques alarmes qui éparpillèrent momentanément tous ces *Thermidoriens*: la « Journée du 1er prairial » (20 mai 1795), par exemple ; provoquée par les violences des réacteurs, par le manque de travail, par la famine. Féraud, qui s'était montré si vaillant dans ses missions militaires, y trouva la mort, crime particulier, accidentel ; et Boissy d'Anglas y passa à l'état d'*ancien Romain*, pour fournir des prosopopées aux rhéteurs, des boursouflures aux poètes,

1. Voy. J. Turquan, *la Citoyenne Bonaparte*, Paris, 1895, in-16, p. 4-5.

des attitudes académiques aux peintres et aux statuaires[1].

Ces *envahissements* de la salle de la Convention étaient d'ailleurs une coutume, extra-réglementaire, soit ! mais à

1. Quel a été le rôle de Boissy d'Anglas en cette terrible journée ? Appelé à suppléer le président Vernier, il se montra, dit-on, impassible et calme au milieu des périls qui l'environnaient, resta obstinément sur son siège, malgré les menaces et les fusils dirigés sur lui, et salua respectueusement la tête du malheureux Féraud qu'on lui présentait au bout d'une pique. Telle est la version acceptée. — « Quelque temps après cette terrible séance, dit M. Saint-Marc Girardin, Boissy d'Anglas montrait à M. Pasquier et à quelques amis la salle de la Convention, et leur expliquait sur les lieux la séance du 1er prairial. — « Étant monté avec lui, dit M. Pasquier, sur l'estrade du fauteuil de la présidence, j'aperçus au fond de cette estrade une porte que je n'avais pas encore vue : Qu'est-ce donc que cette porte nouvelle ? dis-je. — Elle n'est percée et ouverte que depuis peu de jours, répondit M. Boissy d'Anglas, et *bien heureusement, peut-être, pour ma gloire*. Car qui peut savoir ce que j'aurais fait si j'avais eu derrière moi cette porte prête à s'ouvrir pour ma retraite ? (Cf. Edouard Fournier, *L'esprit dans l'Histoire*, p. 384). — « Suivant une tradition, qui n'a rien d'invraisemblable, l'histoire du coup de chapeau aurait pour origine cette circonstance, que Boissy s'étant découvert pour essayer d'éluder la crise par une suspension de séance, les cris et les menaces l'obligèrent à se découvrir de nouveau. A ce moment, la tête ensanglantée de son collègue passait devant lui, et l'on put croire qu'il la saluait. (L. Combes, *Épisodes et curiosités révolutionnaires*, p. 232).

peu près consacrée. L'émeute ? Mais elle était en permanence, dans les sections dans les théâtres, dans les rues de Paris, où des bandes de femmelettes et de coupe-jarrets bien pensants célébraient le triomphe de la modération en assommant des citoyens, sous prétexte qu'ils étaient *jacobins*.

Le 13 Vendémiaire an IV (5 octobre 1795) fut la dernière de ces journées violentes. Cette fois c'étaient les Sections qui essayaient de faire, si on peut dire ainsi, un *31 mai* réactionnaire[1].

La veille, le général Menou, commandant en chef de l'armée de Paris, au lieu de disperser l'émeute, avait parlementé avec elle ; et, après une sorte de capitulation, l'armée s'était retirée,

1. La Convention avait promulgué les articles additionnels à la constitution de l'an III, par lesquels les deux conseils, les Cinq-Cents et les Anciens, devaient se recruter pour deux tiers dans son sein ; un seul tiers étant réservé à l'élection du peuple. Cette restriction fut le prétexte de l'insurrection, dont les auteurs se gardèrent bien de se dire royalistes, mais à laquelle participèrent néanmoins tous les royalistes.

pendant que les sections conservaient leurs positions.

La Convention mit Menou en état d'arrestation et investit du commandement supérieur Barras dont les goûts antimilitaires, dont la vie molle et voluptueuse était peu en harmonie avec la responsabilité qui lui incombait[1]. Barras était donc fort embarrassé, quoi qu'il en dise dans ses *Mémoires*[2]. Carnot lui conseilla de s'adjoindre un « professionnel », un général. On proposa Brune, de Verdières, Bonaparte, d'autres encore[3].

1. Marmont, *Mémoires*, t. Ier, p. 84.

2. T. Ier, p. 250.

3. Alexandre Dumas dans ses *Mémoires*, t. Ier, p. 57, cite la lettre suivante adressée à son père le général Dumas:

« *Paris, 13 vendémiaire de l'an IV de la République française une et indivisible.* — « *Les représentants du peuple chargés de la force armée de Paris et de l'armée de l'intérieur, ordonnent au général Dumas de se rendre de suite à Paris pour y recevoir les ordres du gouvernement.*

« *J. J. B. Delmas*
« *Laporte.* »

Le général Dumas était à Villers-Cotterets; il prit aussitôt la poste, mais il n'arriva que le 14 à Paris. L'heure

« Non, dit Barras, ce ne sont point des généraux de plaine qu'il faut ici, c'est un général d'artillerie. » Là-dessus, Fréron insista sur le choix de Bonaparte, alla sur le champ le chercher et le conduisit près de Barras[1]. » C'est ainsi que Bonaparte reçut le commandement en second de l'armée de la Convention.

Les Tuileries étant plus directement menacées, il concentra la défense dans les environs et son poste principal fut dans la rue ou plutôt le cul-de-sac du Dauphin, devant le portail même de Saint-Roch, dont les sectionnaires occu-

qui sonne, dit-on, une fois dans la vie de tout homme, et qui lui ouvre l'avenir, avait sonné infructueusement pour lui. Bonaparte avait pris sa place.

1. A. Lévy, *Napoléon intime*, Paris, 1893, in-8°, p. 86. — Bonaparte, général en disponibilité, logeait alors, avec Junot et Marmont, à l'hôtel de la Liberté, rue des Fossés-Montmartre (aujourd'hui rue d'Aboukir). Cet hôtel garni, où demeura aussi Fabre d'Eglantine, devint plus tard l'hôtel des Victoires; il occupait la maison qui porte le n° 11 sur la rue d'Aboukir et le n° 12 sur la rue du Mail. Voy.: Marmont, *Mémoires*, t. Ier, p. 62; Lefeuve, *Les anciennes maisons de Paris sous Napoléon III* (édit. de 1863), livraison 36, p. 32; et un très intéressant article de M. Georges Montorgueil, dans le *Bulletin de la Société des Amis des Monuments parisiens*, nos 21-22, p. 20-24.

paient le clocher et les marches[1]. Le 13, à quatre heures, le feu commença, et la première décharge tua, entre autres victimes inoffensives, le célèbre libraire Cazin[2].

Le soir même, Barras put annoncer à la Convention la victoire de ses troupes. Trois semaines après[3], cette assemblée déclarait sa session terminée et abandonnait le gouvernement au *Directoire*, ainsi qu'aux deux Conseils : le *Conseil des Anciens* et le *Conseil des Cinq-*

1. Voy. H. Zivy, *La journée du 13 Vendémiaire*, Paris, 1898, in-8. (Publié dans la Bibliothèque de la Faculté des Lettres de Paris).

2. Cazin, dont le nom est resté en grand honneur auprès des bibliographes, avait fondé, dans la dernière moitié du XVIIIe siècle, une vaste librairie dont le siège fut successivement rue Pavée-Saint-André-des-Arts (aujourd'hui rue Séguier) et rue des Maçons-Sorbonne (actuellement rue Champollion). Le 13 vendémiaire il était à déjeuner dans un café de la rue du Dauphin. On vint le prévenir que des troubles se préparaient à Paris. Devenu un peu sourd, il n'entendit pas bien ce qu'on lui disait ou ne crut pas le danger aussi pressant. Il termina son déjeuner ; mais au moment où il ouvrait la porte du café pour se retirer, il fut atteint d'un éclat de mitraille et tomba. (Voy. *Bulletin des Arts*, 4e année, p. 409).

3. Le 4 brumaire an IV, 26 octobre 1795.

Cents, établis par la Constitution du 5 fructidor an III (22 août 1795)[1].

Les deux Conseils s'installèrent le lendemain dans leurs salles respectives : le premier aux Tuileries, dans l'ancienne salle de la Convention ; le second au Manège, en attendant l'achèvement, au Palais-Bourbon, du local destiné à ses séances. Quant au Directoire, il occupa le palais du Luxembourg [2].

1. Cette Constitution établissait que le pouvoir législatif serait exercé par deux Chambres : le Conseil des Anciens et le Conseil des Cinq-Cents. Le Conseil des Anciens, sur une liste de présentation de cinquante membres préparée par le Conseil des Cinq-Cents, élisait les cinq membres du Directoire, dont le rôle devait se borner à surveiller scrupuleusement l'exécution des lois.

2. Le premier Directoire était composé de : La Révellière-Lépeaux, Letourneur (de la Manche), Rewbell, Barras et Carnot. — Le Palais-Bourbon, où nos assemblées législatives ont continué de siéger depuis le 2 pluviôse an VI, que le Conseil des Cinq-Cents en prit possession, a été commencé de construire vers 1722 pour la duchesse de Bourbon (Mademoiselle de Nantes, fille de Louis XIV et de Mme de Montespan) ; il fut achevé pour Louis de Bourbon, prince de Condé, en 1775. — Le palais du Luxembourg, aujourd'hui « palais du Sénat » a été édifié de 1615 à 1620. — Ces deux palais sont compris dans le programme de la présente collection de *Causeries anecdotiques sur les monuments de Paris.*

Désormais, la République est entrée dans sa phase constitutionnelle, et si elle a à subir encore d'inévitables orages, comme la journée du 18 fructidor an V (4 septembre 1797), si habilement préparée par les royalistes, si curieuse à étudier[1], la République, pendant cette période, a aussi des heures glorieuses que l'ont veut trop souvent oublier, et systématiquement.

Dans la salle où siègent les Anciens, dans cette salle des Tuileries qui a vu les Girondins, Danton et Camille Desmoulins, Robespierre et Saint-Just, tant d'autres encore, descendre de leur banc pour monter à l'échafaud révolutionnaire, au-dessus des gradins en demi-cercle, des drapeaux déchirés conquis sur l'ennemi par les armées républicaines, attestent l'énergie et prouvent le cou-

1. Voy. sur cette journée : E. Hamel, *Histoire de la République*, Paris, 1872, in-8°, p. 155 et s. ; — *Pièces trouvées à Venise dans le portefeuille de d'Antraigues*, an V, in-8° ; et, dans le *Complément de l'Encyclopédie moderne* (Paris, Firmin-Didot, 1884), un article très documenté et très remarquable de M. Edouard Carteron.

rage d'un peuple qui a su repousser l'invasion et sauver sa patrie.

Ces victoires de nos armées, tout en préparant l'avènement du plus illustre de leurs généraux, ont leur contre-coup au Louvre. La « Grande galerie », tout récemment encore occupée par les « Plans en relief des diverses places fortes du royaume », vient, par un décret de la Convention daté du 27 juillet 1793, d'être affectée à l'établissement d'un *Muséum national,* inauguré officiellement le 10 août suivant (23 thermidor an II), ouvert au public trois jours par décade, à partir du 8 novembre[1].

1. Jusqu'à la Révolution, les objets d'art de la France étaient disséminés dans les châteaux royaux, dans les appartements des ministres, dans les hôtels des favoris et des grands seigneurs. En 1775, M. d'Angiviller, intendant des bâtiments du Roi, avait bien proposé de créer dans la grande galerie du Louvre, une exposition permanente de tous les chefs-d'œuvre des Ecoles de peinture et de sculpture anciennes et modernes, mais ce projet avait naturellement échoué. — Quelques jours après le Dix Août, l'abandon des résidences royales, des églises et des couvents, ayant mis en dispersion un grand nombre de tableaux et d'objets d'art, l'Assemblée législative avait

Les envois des armées de Sambre-et-Meuse, du Rhin et d'Italie l'enrichirent vite, ce Muséum national; comme les anciens Romains, se parant des dépouilles artistiques de la Grèce, nos armées républicaines envoyaient à Paris, trophées précieux mais essentiellement contestables, les chefs-d'œuvre des arts possédés par les villes conquises. Et « l'entrée triomphale des monuments des Sciences et Arts », dont le long cortège défila sur les boulevards, le 28 juillet 1798, offrit aux Parisiens un spectacle sans précédent.

Bientôt il fallut agrandir sa galerie et en former de nouvelles. Puis, en l'an V, s'ouvrit la belle collection des dessins originaux dans la galerie d'Apollon. Quelques mois après, la *Chalcographie,*

décrété leur réintégration et chargé le ministre Roland de la formation d'un Muséum national. Une commission fut nommée à cet effet, et, chose extraordinaire ! elle aboutit à un résultat, puisque, comme on l'a vu ci-dessus, le Muséum, le Musée national fut ouvert au public dès l'année suivante.

proposée par le général Pommereul[1], fut instituée par le ministre Benezech, tandis que Visconti, avec autant de savoir que de goût et de magnificence, organisait la *Galerie des Antiques*, dans les anciens appartements d'Anne d'Autriche.

Il n'y avait pas bien longtemps que les agioteurs, cette plaie ! en avaient été chassés. Au mois de mai 1795 (prairial an III), la Bourse des valeurs mobilières qui se tenait rue Vivienne[2], ayant été fermée, ils étaient venus s'y installer

1. Le graveur Guyot avait de son côté proposé au gouvernement un projet sur le même sujet : *Plan d'un Conservatoire ou Muséum de gravures*, deux parties, Paris, an V, in-8°.

2. La Bourse occupait quinze arcades en bordure sur la rue Vivienne, une galerie adossée à l'hôtel de Nevers, une autre adossée à la Bibliothèque du roi. Entre ces galeries et les arcades se trouvait un préau. — Les arcades ont été remplacées par la grille qui borde le parterre de la Bibliothèque Nationale; le préau, c'est le parterre lui-même; la galerie adossée à la Bibliothèque du roi, et qui a disparu, longeait la galerie aujourd'hui affectée au département des Estampes; il ne subsiste plus que la galerie contiguë à l'hôtel de Nevers; c'est le bâtiment brique et pierre, qui borde le parterre vers le nord.

avec toute leur impudeur de parasites. Alors, et jusqu'à ce qu'on ferme les portes, montent en bourdonnant les cris et les clameurs sous les plafonds de Romanelli, déchirant les échos de la chambre superbe d'Anne d'Autriche, la seule reine qui soit morte au Louvre[1]. — La nuit vient, le Mercure-Voleur se tient dans l'ancienne cour de la Reine, qui s'appellera bientôt la cour du Musée, qui est aujourd'hui la cour du Sphinx, et qu'on appelle, en ce temps là : le Carreau de la Bourse : — la nuit est venue, et les Perrettes de l'agio tripotent encore, autour des quelques tables que le café Albau étale au bord du ruisseau de la rue de Beauvais[2].

1. Le 20 janvier 1666. La chambre à coucher d'Anne d'Autriche forme actuellement la partie de la *Salle des Antonins* la plus voisine de la *Salle de Septime Sévère*; l'autre partie, dont le balcon (le fameux balcon de Charles IX) donne sur la Seine, était le cabinet de la Reine.

2. La rue de Beauvais prenait à la rue du Coq et aboutissait à la rue Froidmanteau, c'est-à-dire qu'elle commençait au guichet du Louvre qui s'ouvre devant la rue de Marengo, qu'elle coupait le parterre, de l'Est à l'Ouest et dans sa partie la plus rapprochée du monument, lon-

Vingt fois, le peuple affamé menaça cet antre. Un jour, le 14 décembre 1794, on se décida à le clore, et les agioteurs allèrent tenir leurs assises au perron du Palais-Royal [1], en attendant qu'ils vinssent occuper l'ancienne église des Petits-Pères (12 janvier 1796). C'était bien, d'ailleurs, le logis qui leur convenait : la rue Vide-Gousset n'est-elle pas tout proche ?

Pendant ce temps, les « muscadins » fouettaient les femmes, ou bien, en bande, bâtonnaient quelque patriote isolé, aux alentours du *Monument de Marat*, cette « pagode », comme disait la *Jeunesse dorée*.

geant ainsi les salles Carpeaux, Rude et Chaudet, et qu'elle joignait la rue Froidmanteau en un point compris aujourd'hui dans les bâtiments du ministère des finances, au droit de la statue de Lafayette. — « On peut admettre, dit Berty (*Topographie historique du Vieux Paris, région du Louvre et des Tuileries*, t. Ier, p. 17) que le voisinage des jardins du Louvre a motivé le nom primitif de la rue de Beauvais, d'abord dite de *Beauvoir* ». — Elle a été supprimée de 1806 à 1808, comme on le verra plus loin.

1. On appelait ainsi la partie de la rue Vivienne, comprise entre les rues des Petits-Champs et Beaujolais, à cause de l'escalier ou *perron* qui s'y trouvait, et par lequel on accédait au Palais-Royal.

C'était, en réalité, un monument assez ridicule. Il était situé à quelque dix mètres au sud de l'endroit où se trouve l'arc de triomphe du Carrousel. Imaginez, sous un obélisque lourd et massif, une espèce de niche où l'on avait déposé le buste, la lampe, l'écritoire et la baignoire de Marat ; le tout entremêlé de légendes, de devises et d'emblèmes [1].

Une sentinelle veillait nuit et jour ; un matin, longtemps avant le 9 thermidor, il se trouva qu'elle était morte de froid, et cet accident fit supprimer le poste [2].

Aussi bien, pendant qu'au dehors la République marchait de triomphe en triomphe, de jour en jour elle s'affaiblissait à l'intérieur et la réaction allait croissant. Prodigieuse était dans Paris l'impression produite par les victoires de l'armée d'Italie, promptes et rapides

1. Il y en a une bonne gravure, exécutée par Ransonnette.

2. Dr A. Cabanès, *Marat inconnu*, Paris, 1891, in-16, p. 244.

comme la foudre. Le nom de Bonaparte était dans toutes les bouches. On ne tarissait pas en éloges sur ses proclamations un peu emphatiques, trop empreintes du génie oriental, mais qui électrisaient le soldat, et sur ses rapports, où, avec une habileté surprenante, il savait si bien se faire valoir, tout en affectant une certaine modestie.

Par contre, les Conseils, et surtout le Conseil des Cinq-Cents, étaient ridiculisés. J'en trouve notamment le témoignage dans une lettre de Lamennais au marquis de Coriolis, où il cite ce couplet appliqué à cette dernière assemblée :

> Près du jardin des Tuileries,
> Est un chantier fort apparent,
> Où quatre cents bûches pourries
> Sont à vendre dans le moment.
> Le vendeur dit à qui l'aborde :
> — Qui veut des bûches à bas prix?
> Mais, bien entendu, mes amis,
> On ne les livre qu'à la corde.

D'autre part, Sieyès, ce prêtre orgueilleux, rapace et avare, porté au Directoire par les Anciens[1]; Sieyès, dont la haine pour l'ancien régime venait moins d'une passion généreuse pour la justice et l'égalité que d'une secrète jalousie de caste; Sieyès, l'apôtre de la prépondérance des classes moyennes, de la suprématie bourgeoise; Sieyès cherchait un instrument qu'il pût diriger à son gré, un bras dont il eût été la tête, si je puis m'exprimer ainsi; tandis que les Talleyrand, les Regnault (de Saint-Jean-d'Angély), les Lemercier, les Cambacérès, les Fouché, les Courtois et tous les voraces de l'époque, désiraient d'assurer, à l'abri d'une autorité despotique, la stabilité de leurs positions.

Il fallait briser la Constitution, et, pour cela, on avait besoin d'une épée brutale.

Bernadotte eût bien convenu; mais il affichait alors un grand dévouement aux institutions républicaines. Moreau fut pressenti; mais, s'il faut le croire, il

1. En remplacement de Rewbell, le 27 floréal an VII (16 mai 1799).

repoussa avec indignation les offres qui lui furent faites. Où donc trouver un homme sans aucun scrupule, une sorte de condottiere du xviie siècle, un général tout disposé à marcher à pieds joints sur le droit, sur l'honneur, sur la justice, et à sacrifier la grandeur, les intérêts, la liberté de sa patrie, à sa grandeur, à sa fortune et à ses intérêts personnels ?

Cet homme équivoque, ce général sans vergogne, Sieyès le trouva dans le général Bonaparte. Aussi quand Bonaparte, quittant l'Égypte en déserteur, rentra dans son petit hôtel de la rue Chantereine [1], le 24 vendémiaire an VIII (16 octobre 1799), il n'avait plus qu'à jeter son épée

1. Dessiné par Ledoux pour le marquis de Condorcet, cet hôtel, dont le n° 60 de la rue de la Victoire occupe l'emplacement, fut vendu par la veuve de Condorcet, sœur du maréchal de Grouchy, à Julie Carreau, plus tard épouse de Talma. Joséphine de Beauharnais l'acheta et y devint la générale Bonaparte. Le Premier Consul le donna, ou le vendit, au général Lefebvre-Desnouettes. Le général Bertrand en devint locataire à son retour de Sainte-Hélène. — On l'a démoli en 1857.

dans la balance des destinées de son pays : les poids étaient pipés.

Je n'ai pas à faire ici le récit du guet-apens victorieux qu'on appelle le Dix-huit Brumaire[1]. On sait que la République étant tuée de fait, on se partagea les dépouilles de la morte. On sait aussi qu'un fantôme de représentation nationale sans mandat décréta que Bonaparte et ses généraux, et ses soldats, et tous ses complices avaient bien mérité de la patrie. On sait encore qu'il fût aussitôt décidé qu'il serait formé une Commission exécutive provisoire, composée des citoyens Sieyès,

1. Il eût été accompli, au moins tenté par d'autres, si Bonaparte n'avait pas réussi. On y pensait certainement depuis longtemps, et il semble que ce fut tout exprès que l'on confia à Joubert, dans le dessein de lui assurer le prestige nécessaire pour s'imposer, l'armée qu'il fit si maladroitement battre à Novi. Hoche, dont la mort soudaine est restée inexpliquée, écrivait en parlant des membres du Directoire : « J'irai à mon retour mettre en pièces les habits brodés et les panaches de ces monstrueux pantins ». Si Moreau, qui, au 18 Brumaire, tira les marrons du feu, eût eu plus d'énergie, il aurait été l'acteur principal, au lieu d'être le comparse. Peut-être ne faut-il pas chercher d'autres motifs à sa trahison que sa rancune et sa jalousie.

Roger-Ducos et Bonaparte, lesquels prirent le nom de Consuls de la République.

Et le soir du 18 brumaire an VIII de la République une et indivisible, ces trois augures allèrent se coucher, au palais du Luxembourg, dans les lits certainement très moelleux des Directeurs déchus.

Puis, quand la Constitution de l'an VIII eut été mise en activité [1], les nouveaux Consuls [2] trouvèrent le Luxembourg trop modeste, peut-être aussi Bonaparte ne se croyait-il pas, réellement, maître du pouvoir tant qu'il n'aurait pas pris possession du palais où, de droit au moins, avait si longtemps résidé la puissance suprême. Aussi, deux mois ne s'étaient pas écoulés, qu'il venait installer aux

1. 24 décembre 1799.

2. Élus individuellement pour dix ans, avec la qualité distincte de premier, de second et de troisième Consul. Le premier Consul, Bonaparte, était tout; ses deux collègues, Cambacérès et Lebrun, avaient simplement voix consultative.

Tuileries son despotisme encore mal établi.

Lebrun occupa le pavillon de Flore[1], Cambacérès, qui prévoyait déjà un déménagement prochain, alla s'installer dans le bel hôtel de Créquy et d'Elbeuf[2].

Le 19 février 1800, le vieux palais de Catherine de Médicis s'ouvrit pour recevoir ses nouveaux hôtes. A peine arrivé, Bonaparte monta à cheval et passa la revue des troupes qui l'attendaient dans la cour même du château, où pendant quatorze ans devaient le saluer tant de milliers d'hommes destinés à mourir en pure perte pour lui.

Pendant le défilé, Mme Bonaparte, entourée d'Hortense de Beauharnais, de Mme Murat, de quelques femmes de généraux, toutes en robes à la grecque, agitaient leurs mouchoirs aux fenêtres

1. Il n'en quitta qu'en 1802, après la proclamation du Consulat à vie, pour aller habiter l'hôtel de Noailles, en la rue Saint-Honoré. (V. ci-dessus, p. 111, note 2.)

2. (Voir ci-dessus, p. 192, à la note.)

du pavillon de Flore, faisant gracieusement voltiger en l'air des écharpes de soie.

Puis Bonaparte entra dans le palais :

— Eh bien ! Bourrienne, dit-il en y pénétrant, nous voici donc aux Tuileries ! Maintenant, il s'agit d'y rester.

Et, le soir venu, au moment de se coucher, il dit en riant à Joséphine : « Allons, petite créole, venez vous mettre dans le lit de vos maîtres[1]. »

N'est-ce pas là toute la philosophie du coup d'Etat de Brumaire ?

1. *Mémoires de Mme de Rémusat*, t. Ier, p. 170.

FIN DE LA PREMIÈRE PARTIE

Prix : 2.50

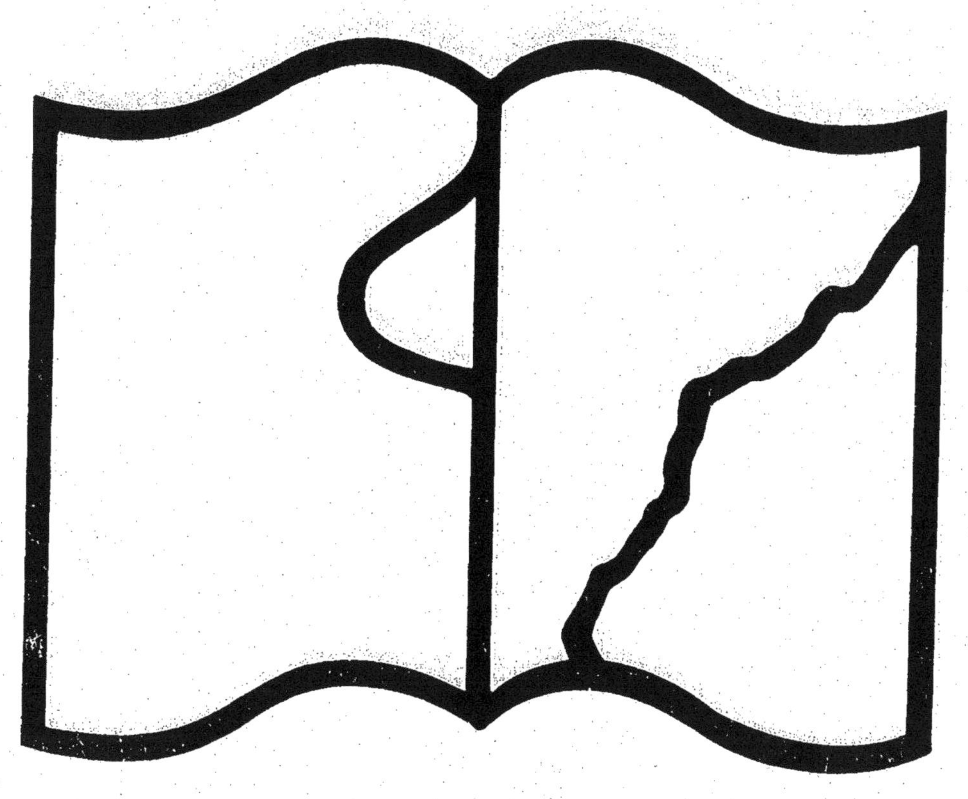

Texte détérioré — reliure défectueuse

NF Z 43-120-11

Contraste insuffisant

www.ingramcontent.com/pod-product-compliance
Ingram Content Group UK Ltd.
Pitfield, Milton Keynes, MK11 3LW, UK
UKHW012206240726
13966UKWH00002B/612

9 782012 860551